기획 이진우

MBC 라디오 '이진우의 손에 잡히는 경제'의 진행자이자 경제 유튜브 '삼프로 TV'의 부대표를 맡아, 쉴 틈 없이 대중에게 다방면의 경제 이야기를 풀어내고 있습니다. 1999년부터 서울경제신문과 이데일리에서 약 15년간 경제신문 기자로 일했으며, 2010년 한국기자협회가 주는 경제보도부문 한국기자상을 수상했습니다. 알쏭달쏭한 경제를 쉽고 재미있게 전달하기 위해 노력하는 방송인.

글 최설희

어린이 책을 읽고, 이야기하고, 씁니다. 지은 책으로 『조선에서 레벨업』, 『처음 읽는 그리스 로마 신화』, 『조선스타실록』, 『고릴라 올림픽! 우리 윗집이라니!』, 『설민석의 우리 고전 대모험』 등이 있습니다.

그림 지문

대학에서 역사를 공부하며 느낀 세상의 이야기들을 그림을 통로로 다양하게 전하고 있습니다. 현재 ㈜예성크리에이티브 대표, 한국어린이그림책연구회 회원이며, 강남구립도서관에서 미래의 그림 작가님들과 만나 소통하고 있습니다. 그린 책으로 코딩 동화 『퐘』 시리즈와 『우리 아빠가 어때서!』, 『우리는 다양해:생물』, 『뜻밖의 재미난 이야기로 한국사를 만나는 특별한 역사책』, 『플라스틱:안 사고, 다시 쓰고, 돌려 쓰고』 등이 있고, 그린 웹툰은 〈안동 선비의 레시피〉, 〈인이와 공이의 메타버스 여행〉, 〈제가 조선의 운명을 바꿔 보겠습니다〉 등이 있습니다.

어린이를 위한 사회탐구 프로젝트

이진우 기자의 말리는 경제 모험

⑤ 양날의 검, 인플레이션

기획 이진우 | 글 최설희 | 그림 지문

아울북

차례

"어린이 경제 이야기"를 펴내며 ·········· 6
프롤로그_ 쿵! 딱! 짠! 로저가 나타났다! ·········· 15

1장 동그라미가 몇 개야? ·········· 20
이기자 리포트 은행의 역할

2장 새로운 돈의 등장! ·········· 38
원정대의 몬슝아 토크 인간 세상을 알려 줄게!

3장 우리 골드가 어디 갔지? ·········· 56
원정대의 몬슝아 토크 골드시티에 영웅 탄생?!
이기자 리포트 환전과 환율
게임1 지도 찾기 골드시티 은행으로 가는 길
게임2 도형 찾기 삼각형을 찾아라

4장 알통 로저 쌤과 함께 운동해요! ----- 82
원정대의 온송아 토크 얘들아, 무언가 이상해!

5장 골드가 많아도 배고픈 이유 ----- 104
게임3 스도쿠 게임 숫자를 채워라!

6장 쿨쿨병을 고칠 단서 발견? ----- 128
이기자 리포트 인플레이션

6권 미리보기 ----- 150

"알통 로저 쌤과 함께하는 아침 운동"

"어린이 경제 이야기"를 펴내며...

많은 부모님들이 아이에게 일찍부터 경제 교육을 시키고 싶어 합니다. 왜냐고 물으면 어릴 때부터 경제관념을 제대로 심어 주기 위해서라고 답을 하십니다. 그런데 그 '경제관념'이라는 건 도대체 뭘까요. 우리는 경제관념을 절약 정신이나 재테크 감각과 유사한 개념이라고 오해합니다. 그래서 어린이들의 경제 교육을 용돈을 아껴 쓰라고 강조하거나 은행에 가서 통장을 만들고 저금하는 법을 알려 주는 걸로 시작합니다.

경제는 합리적 선택의 결과물입니다

저의 지인은 아이가 아이스크림을 사 달라고 하면 집 앞 편의점으로 가지 않고 일부러 한참을 가야 하는 아이스크림 할인점까지 아이를 데리고 걸어간다고 합니다. 편의점에서는 천오백 원인 아이스크림을 거기서는 천 원에 파는데, 그걸 아이에게 사 주고 돌아오면서 오백 원이라는 돈을 아끼기 위해 들인 노력을 설명해 준답니다. 왜 그렇게 하느냐고 물으니 아이에게 경제관념을 심어 주기 위해서라고 합니다. 돈의 소중함을 느끼게 하고 돈을 아껴 쓰는 습관을 길러 주는 게 경제관념을 키우는 길이라고 생각한 것 같습니다.

그러나 경제관념이라는 건 그런 게 아닙니다. 적은 돈도 절약하고 저축해야 한다고 가르칠 게 아니라, 아이스크림 할인점에서 천 원에 파는 아이스크림이 왜 편의점에서는 천오백 원에 팔리고 있는지를 설명해 줘야 합니다. 똑같은 아이스크림이 편의점에서 더 비싼 이유를 편의점 주인이 욕심이 많기 때문이라고 설명해서도 안 됩니다. 거래 관계에서는 나쁜 사람과 착한 사람의 구별이 없다는 것, 우리 모두는 예외 없이 욕심을 갖고 있으며 모두 각자의 위치에서 가장 합리적인 선택을 할 뿐이라는 걸 알려 주는 게, 더 중요한 경제 교육입니다.

만약 같은 가격에 아이스크림을 팔면 사람들은 쉽게 접근할 수 있는 편의점으로만 가게 된다는 점, 그래서 할인점은 편의점보다 싸게 팔아야 장사를 할 수 있다는 점을 꼼꼼하게 설명해 주는 게 아이들에게 더 필요한 경제 교육입니다. 아이들은 그런 설명을 들을 때 아이스크림 가격 하나에서도 입체적인 개념을 갖게 됩니다.

경제를 접하는 아이의 경험이 중요한 이유

미국 하버드 대학교의 라즈 체티 교수는 '계층 이동성'에 대해 연구하는 학자입니다. 계층 이동성이란 쉽게 말해 저소득층 가정에서 태어난 아이가 어른이 됐을 때 고소득층으로 편입되는 걸 의미하는데요. 라즈 체티 교수의 연구는 저소득층이 고소득층으로 계층 이동을 하는 데 있어서 중요한 요인들이 무엇인가를 찾아내는 것에 초점이 맞춰져 있습니다.

　흥미로운 연구 결과들이 있습니다. 예를 들면 저소득층 가정에서 태어난 아이들을 두 그룹으로 나눈 다음, 친구의 70% 이상이 부유한 집안의 아이들인 그룹 A와 친구들 역시 대부분 저소득층 출신인 그룹 B를 수십 년간 추적 관찰했더니, 부자 친구가 많았던 그룹 A가 성인이 됐을 때 평균 소득이 B그룹보다 20%가량 더 높았습니다.

　또 다른 연구도 있죠. 미국의 유명한 대학에 다니는 학생들 중 성적이 비슷한 학생들의 부모 소득을 조사해서 소득이 낮은 집 출신 학생들(A)과 소득이 높은 집 출신 학생들(B)로 구분한 뒤 수십 년 후에 두 그룹의 평균 소득을 조사해 봤더니, B그룹의 소득이 훨씬 더 높았습니다. 어린 시절의 경제적 여건에 따라 왜 소득에서 차이가 생기는지 궁금했던 라즈 체티 교수는 A그룹과 B그룹 학생들의 직업을 하나하나 살펴보다가 아주 재미있는 현상을 발견했습니다.

　이 학생들 중 고소득층 출신 학생들(B)은 졸업 후에 컨설팅이나 금융업 등 소위 돈을 잘 버는 업종으로 취업한 반면, 저소득층 출신 학생들(A)은 공무원이나 저널리스트 같은 공적인 영역의 직업을 선택한 경우가 많았던 겁니다. 그러다 보니 소득도 B그룹이 더 높았던 것이죠.

　A그룹 학생들이 유독 공적인 영역으로 더 많이 진출한 이유에 대해서

는 아직 명확하게 밝혀진 바가 없습니다. 저 개인적으로는 A그룹의 학생들이 자라면서 부모와 비슷한 가치관을 갖게 되어, 돈을 좇는 직업보다 공적인 일이 더 가치 있다고 판단했던 게 아닐까 생각합니다. 반면 B그룹의 학생들은 어릴 때부터 돈을 버는 일이 얼마나 의미 있고 재미있는 일인지, 그런 걸 방해하는 규제가 얼마나 부당한 것인지에 대한 이야기를 부모들로부터 간접적으로 자주 전해 들었을 가능성이 크고, 그게 직업을 선택할 때 영향을 줬을 것이라고 추측합니다.

세상을 흑백 논리로 나누지 않게 해 주세요

어느 한쪽으로 치우치지 않고 현실을 그대로 투명하게 이해하는 '경제관념'은 그런 이유로 인생에서 매우 중요합니다. 하루 종일 열심히 일하는 근로자 A보다 두어 시간 일하다 퇴근하는 고용주 B의 월급이 더 많은 건 고용주 B가 사악하거나 비도덕적이어서가 아니라, 근로자 A의 일을 할 다른 후보자들이 많기 때문이라는 걸 아이들도 이해할 수 있게 해 줘야 합니다.

그러지 않으면 월급이 부족하다는 생각이 들 때 잘못된 선택을 하게 됩니다. 부가 가치가 낮은 일 대신 다른 일을 하기 위해 자기 계발을 좀 더 해야겠다고 생각할지, 아니면 욕심 많은 고용주와 싸워서 임금을 올려

야겠다고 생각할지는 그가 갖고 있는 '경제관념'이 결정합니다.

그런 점에서 우리나라의 경제 교육은 매우 수준이 낮거나 엉뚱한 내용으로 가득합니다. 미국에서는 고용주가 근로자에게 어떤 이유로 임금을 지급하는지, 경기와 실업의 관계는 어떠한지를 가르치는데, 우리나라는 용돈을 스스로 벌게 하면서 절약이 왜 중요한지를 강조합니다. 미국은 부채(빚)는 좋은 부채와 나쁜 부채가 있으며 리스크 관리를 잘하면 부채가 자산 증식의 좋은 수단이 될 수 있다고 가르치는 데 반해, 우리나라의 경제 교육은 부채가 피해야 할 나쁜 것이라는 점만 강하게 주입합니다.

세상의 모든 사람들은 예외 없이 이기적이고 자신의 이익을 위해 움직인다는 것을 이해하지 않은 채 세상을 선과 악으로 구분하고 나에게 호의적인 사람과 적대적인 사람, 내 편인 사람과 남의 편인 사람으로 나눠서 보는 건 굉장히 위험한 일입니다. 합리적인 판단을 하는 사람은 나에게 지금 판매하려는 금융 상품의 좋은 점만 나열하는 사람을 의심의 눈으로 봅니다. '왜 저 사람은 자신의 이익보다 내 이익을 더 챙기려고 할까. 나에게만 유리한 거래라는 게 있을 리 없는데.'라고 생각하는 게 올바른 경제관념입니다. 그래야 오히려 속지 않습니다.

그런데 세상을 선과 악, 또는 아군과 적군으로 나누면 '저 사람은 선한 사람이고 우리 편이라서 나에게 좋은 상품을 권하는구나.'라고 생각하고 의심을 거두게 됩니다. 금융 사기 피해는 그런 곳에서 싹틉니다.

일상의 이야기를 통해 경제관념을 배울 수 있기를

우리가 아이들의 경제 교육을 중요하게 생각하는 이유는 어릴 때부터 경제관념을 심어 주기 위해서이며, 그리고 경제관념이라는 것은 일상에서 벌어지는 모든 일의 합리적인 이유와 배경을 잘 이해하는 지적인 힘을 의미한다고 말씀드렸습니다.

그런 면에서 아이들이 흥미를 가질 수 있도록 잘 짜여진 재미있는 일상과 그 안에서 벌어지는 다양한 사건들을 담고 있는 『몬말리는 경제 모험』이 아이들의 경제 교육에 도움이 될 것입니다. 주인공들이 인간 세상의 경제 상황을 맞닥뜨리면서 선택해야만 하는 것들의 합리적인 이유와 배경을 이해할 수 있게 해 주세요. 그런 과정을 통해 세상에서 벌어지는 일들을 이해하는 지적인 힘을 조금이라도 기를 수 있게 된다면, 수요 공급의 법칙이나 희소성의 원칙을 설명하는 것보다 훨씬 유익한 경제 교육이 될 수 있을 것이라고 생각합니다.

이진우 ("MBC 손에 잡히는 경제" · "삼프로TV" 진행자)

등장인물

그란발

- **종족** 큰발족
- **좋아하는 것** 맛있는 음식(무슨 색이든 상관 없음!)
- **싫어하는 것** 음식 앞에서 망설이기

모든 게 흑백인 타스의 음식마저도 꿀맛!
처음과 달리 배부른 느낌까지 들지만 왜 그런지는 미스터리.
요즘엔 토마토주스에 푹 빠져 하루 종일 빨간 잔을 들고 다닌다.
"색깔이 뭐가 중요해? 입이 즐거우면 그만이지!"
친구들은 걱정하지만, 오늘도 맛있는 음식을 찾아 떠난다!

지우리

- **종족** 나무족
- **좋아하는 것** 새로운 실험
- **싫어하는 것** 한곳에 너무 오래 머물기

"놀러 온 게 아니잖아! 얼른 돌아가야지!"
타스에서 한가롭게 지내는 몬들에게 한마디로
정곡을 찌른다. 그만큼 쿨쿨병 치료에 진심이라 골드시티로
돌아와서도 채집 본능은 멈추지 않는다.
한편, 처음 간 은행에서 대출과 금리를 몰라 진땀을 뺐다는 소문이….
"금리? 그게 그렇게 중요한 거야?"

깜토

- **종족** 그림자족
- **좋아하는 것** 화려한 옷과 액세서리
- **싫어하는 것** 밋밋한 패션

아이콘의 홍보 모델이 된 덕에 인기를 한껏 누리는 중!
예쁜 옷, 멋진 선글라스로 멋을 부릴 수 있어서인지,
몬섬에 있을 때보다 더 생기 넘친다.
몬 원정대에 새롭게 합류한 친구의 편을 들었다가
괜한 오해를 살 뻔했다는데….
"어? 그런 뜻이 아니었다니까!"

비비

- **종족** 날개족
- **좋아하는 것** 계획대로 척척 움직이기
- **싫어하는 것** 생각지 못한 소동

날 수 있는 능력 덕분에 언제나 빠르게
움직이는 해결사! 높은 곳에서 상황을 살피고,
누구보다 신속하게 문제를 해결한다.
이번엔 골드시티에 나타나서 말썽을 일으키는
로저를 찾느라 바쁘다.
오늘도 훌쩍 사라진 로저를 찾으러 출동!

로저

종족 알통족
좋아하는 것 운동, 운동, 운동
싫어하는 것 찌뿌둥한 몸

골드시티에 오자마자 사고뭉치로 등극!
너무 나쁜 시력 탓에 벽과 나무에 쿵쿵!
하지만 실수만 하는 건 아니다. 몬섬에서 줄곧
이루고 싶었던 소망을 펼치면서 인간 세상 적응도 척척!

제나 & 하루

골드시티에서 몬들을 도와주는 인간 아이들.
아이콘 주식을 통해 골드를 잔뜩 벌며 점점 눈이 반짝인다.
"이거 꽤 재미있는데?"
하지만 골드가 모일수록 상상하지 못한 일들도
따라오기 마련!

- 지난 이야기 -

신제품 아이콘이 팔리지 않자, 투자자 콜로가 새로운 제안을 한다.
"아이콘이 사랑받을 만한 새로운 세상을 찾아 떠납시다!"
몬들이 향한 곳은 모든 것이 흑백인 도시, 타스. 과연 아이콘이 통할까?
확신 없이 도착한 타스에서 뜻밖의 반응이 이어지는데……!
그리고 골드시티에서 들려온 낯익은 외침이 분위기를 뒤흔든다.
새로운 변수가 몬들에게 어떤 변화를 가져올까?

쿵! 딱! 짠!
로저가 나타났다!

환한 달빛을 받은 거울문이 물결처럼 일렁였다. 혹시나 몬 원정대가 쑥 하고 나타나는 건 아닐까 싶어서 더큰발 장로는 한참 동안 거울문을 바라보았다.

"몬 원정대에게 시간이 더 필요한 건가. 녀석들, 인간 세상에서 어떻게 지내고 있는 건지……."

더큰발 장로의 마음을 아는지 모르는지, 솜몬들은 평화로이 거울문 주변을 포르르 포르르 날아다닐 뿐이었다.

17

동그라미가 몇 개야?

아이콘은 타스 서버에서 엄청나게 유행이었다. 한 병씩 마실 때마다 달라지는 눈동자의 색깔은 타스 서버에 새로운 활기를 불어넣었다.

"그나저나 여기 제온이 만나자고 한 카페 맞지? 제온은 도대체 언제 오는 거야?"

"그러게, 왜 아직도 안 오지?"

지우리와 깜토가 입을 삐죽거리던 그때, 카페 문이 벌컥 열리며 제온이 허겁지겁 뛰어 들어왔다. 제온도 다른 아바타들처럼 온몸이 흑백이었다. 비비 대장이 깜짝 놀라서 외쳤다.

"제온, 몸이 타스 시민처럼 변했어요!"

"T패스로 업데이트를 하면 몸이 변하는 모양이에요. 자, 오늘은 좋은 소식이 있어서 이 자리에 모이라고 했습니다!"

제온의 표정이 밝았다. 몬들은 잔뜩 기대하는 얼굴로 제온의 입만 바라보았다.

"타스 서버에서 아이콘이 불티나게 팔렸잖아요? 돈도 꽤 많이 벌었고요. 자, 오늘은…… 투자금을 제외한 아이콘의 수익을 여러분과 나누려고 합니다!"

제온의 말이 끝나자, 몬들의 얼굴에 불이 탁 켜진 것처럼 환한 빛이 감돌았다. 눈은 기대감으로 반짝였고, 입꼬리가 자꾸만 실룩거렸다.

"와! 우리 이제 골드가 엄청 많이 생기겠네?"

깜토가 소리치자, 다른 몬들도 들썩이며 웅성거렸다. 비비 대장은 손을 가슴에 대고 벅찬 표정으로 말했다.

"그렇다면, 드디어 지우리의 연구실을 새로 만들 수 있어!"

"난 디저트를 종류별로 다 먹을래!"

"난 타스의 시커먼 핫도그 말고 골드시티의 노릇노릇한 핫도그를 먹고 싶어……."

그란발과 깜토의 말에 비비 대장도 팔짱을 끼고 고개를 끄덕였다. 몬들은 달콤한 상상에 빠져 행복한 웃음을 지었다.

"아이콘의 개발자인 지우리 씨에게 가장 많은 수익금을 나눠 드릴 계획이에요. 물론 여러분한테도 수익금이 가는 거고요."

"저는 얼마를 받죠?"

"아마 그동안 받아 본 적 없는 큰 금액일 거예요."

제온의 말에 몬들의 기대감이 커졌다. 저마다 얼마나 많은 골드를 받을지 떠올리고 있었다. 골드를 받으면 뭘 할지 상상하는 것만으로도 기분이 좋았다.

"잠시만 기다리세요! 지금 보내겠습니다."

덩달아 신이 나서 T패스를 조작하던 제온의 얼굴이 조금씩 굳어졌다. 화면을 뚫어지게 쳐다보며 손가락을 빠르게 움직였지만, 무언가 제대로 되지 않는 모양이었다. 비비 대장이 이상함을 눈치채고 물었다.

"제온? 무슨 문제 있어요?"

제온은 식은땀을 흘리며 당황한 표정으로 말했다.

"제온, 진정하고 다시 해 보세요. 우린 얼마든지 기다릴 수 있어요. 중요한 건 어마어마한 골드를 받을 수 있다는 거니까요!"

몬들은 모두 긴장한 채 서로를 쳐다보며 한 발짝도 움직이지 않았다. 잠시 뒤 제온이 이유를 알았다는 듯 안도의 숨을 내쉬었다.

"휴, 큰 문제가 아니었네요. 여기는 타스 시민으로 등록된 아바타에게만 타스를 보낼 수 있거든요. 요즘 아이콘 일로 너무 바빠서 제가 깜빡했어요."

깜토는 제온의 말을 되새기며 물었다.

"타스라고요? 골드가 아니라?"

"여기는 골드시티의 화폐인 골드를 쓰지 않고, '타스'를 써요. 서버에 맞춰서 돈도 타스로 받고 있어요."

제온이 손목에 찬 T패스를 흔들어 보였다. 몬들에게는 천년만년 같은 잠깐이 지나 몬들이 차고 있는 T패스에서 알림음이 경쾌하게 울렸다.

제온님이 타스를 송금하였습니다.

지급된 타스를 본 몬들은 잠시 동안 말이 없었다. 서로의 얼굴을 바라보며 눈을 깜빡이기만 할 뿐이었다.

먼저 입을 연 건 지우리였다.

"저기……, 애들아? 이거 0이 몇 개야?"

그란발이 양쪽 손가락과 발가락을 쫙 펴며 말했다.

"핫도그가 1골드였으니까……. 이건 핫도그를 손가락 발가락에 다 끼워서 먹을 수도 있겠는걸! 그것도 아주 많이!"

"그러게 말이야, 그란발. 백만 번은 먹을 수 있겠어."

깜토가 옆에서 진지하게 덧붙였다.

"아니, 이 정도면 핫도그 가게를 차리겠어!"

몬들은 엄청난 양의 타스를 받은 것이 아직도 실감 나지 않는지 T패스를 보고 또 보았다. 이들의 반응을 보며 제온이 웃었다.

"여러분이 애쓰고 노력한 결과예요. 자, 이 타스로 무얼 하실 건지 생각해 보셨나요?"

제온의 질문을 기다린 것처럼 지우리가 얼른 대답했다.

"그야 물론, 다시 쿨쿨병 약을 만들어야지요. 우리가 몬섬을 떠난 이유니까요. 잠시 잊고 있었어요."

지우리의 눈빛은 단호했다. 슬그머니 다른 생각을 했던 몬들은 뜨끔한 표정을 숨기느라 헛기침을 하거나 괜히 털을 툭툭 털었다.

그 순간, 몬들의 T패스가 동시에 요란하게 울렸다.

"이번엔 또 뭘까?"

1,000,000타스 이상을 소유한 아바타에게만 알립니다.
타스 은행을 방문해 계좌를 개설하세요.
고객님의 소중한 타스를 안전하게 지켜 드립니다.
선착순 100명 한정 10% 금리 이벤트도 진행 중입니다.

이번에 온 알림은 아무리 읽어 보아도 도통 이해가 되지 않았다. 모르는 단어투성이였기 때문이다.

비비 대장은 뭔가 떠오를락 말락 해서 머리를 쥐어짰다.

"은행? 계좌? 금리? 이게 다 뭐야!"

그란발이 답답한지 발을 쿵쿵 굴렀다. 우렁찬 쿵쿵 소리를 듣고 비비 대장이 손가락을 딱 튀겼다.

"그래! 쿵쿵! 아까 우리가 다 같이 타스 시청으로 갈 때, 그란발이 유난히 쿵쿵거리며 달린 적이 있거든? 그때 '은행'이라고 쓰인 간판을 봤어."

"오! 그래서?"

몬들이 기대하는 눈으로 비비 대장을 바라보자, 비비 대장은 조금 당황했는지 어깨를 으쓱했다.

"아니, 그냥 그런 간판을 봤다고……."

몬들이 "에이!" 하며 실망하자, 가만히 지켜보던 제온이 나섰다.

"우리 다 함께 은행으로 가서 계좌를 개설하는 건 어때요? 마침 금리 이벤트도 있어서 좋은 기회이기도 하니까요."

"제온, 그런데 은행이 도대체 뭐예요?"

깜토가 물었다. 다른 몬들도 모두 고개를 갸웃거리며 궁금한 눈빛으로 제온을 바라봤다.

지우리는 제온의 말을 듣고 메아리 공책에 기록했다.

은행은
돈을 맡아 주고

이자를 더해
돌려준다.

"제온, 돈을 맡긴다는 게 그냥 가서 주면 되는 거예요? 그럼 우리 돈은 어디에 들어가는 거죠?"

제온은 그란발의 질문에 미소를 지으며 설명을 이어 갔다.

"우리가 은행에 돈을 맡기면 그 돈을 보관할 수 있는 개인 금고 같은 게 생기는데, 그걸 '계좌'라고 해요. 저마다 비밀번호가 있어서 계좌는 본인만 사용할 수 있죠."

깜토가 여전히 걱정스러운 표정으로 물었다.

"만약에 은행이 타스를 잃어버리면 어떻게 돼요? 우리 계좌에 있는 타스도 없어지는 거예요?"

제온이 손을 흔들며 답했다.

"아니, 걱정할 필요 없어요! 은행은 계좌에 있는 돈을 보호해 주는 역할도 해요. 우리가 돈을 맡기면 안전하게 갖고 있다가 필요할 때 돌려주죠."

몬들이 안심한 표정으로 고개를 끄덕이자 제온이 덧붙였다.

"은행은 서로 다른 서버의 돈을 맞바꿔 주는 '환전' 업무도 해요. 환전하는 방법을 지우리 씨에게 알려 줄 테니까, 골드시티로 돌아가면 타스를 골드로 바꾸세요."

몬들은 기대에 찬 얼굴로 은행으로 향했다. 어떤 일이 벌어질지 궁금해서 모두들 걸음이 빨라졌다.

"믿어도 돼요?"

"무… 물론이에요. 은행에 정해진 기간 동안 돈을 맡기는 걸 '예금'이라고 해요. 은행은 이 돈을 관리하면서 돈이 필요한 사람이나 회사에게 이자를 받는 조건으로 빌려주고요. 은행은 이렇게 받은 이자의 일부를 돈을 맡긴 고객들에게 다시 이자로 나눠 준답니다."

지우리는 은행원의 말을 메아리 공책에 받아 적었다.

은행은 돈을 필요한 사람에게 빌려주고 이자를 받는다.
그 돈으로 고객이 맡긴 돈에 이자를 붙여 돌려준다.

"고객님께서 기대하시는 이벤트 금리도 지급될 예정입니다."

지우리는 고개를 끄덕이며 조용히 일어섰고, 은행 직원은 다음 손님을 불렀다.

이기자 리포트 1

은행의 역할

은행은 여윳돈이 있는 사람들의 돈을 맡아주고, 필요한 사람들에게는 돈을 빌려주어요. 이렇게 세상에 돈이 잘 돌아가게 돕는 역할을 한답니다.

돈은 어디서 나오는 걸까요?

우리는 돈을 주고 운동화를 삽니다. 그 과정을 자세히 들여다보면, 운동화 가게 주인으로부터 우리에게 운동화가 오고, 그 순간 우리의 주머니에서 운동화 가게 주인의 주머니로 돈이 움직입니다. 이걸 우리는 '거래' 또는 '구매와 판매'라고 부르죠. 우리가 매일 하는 경제 활동이란 필요한 물건들이 필요한 사람들에게로 이동하고, 그에 따라 돈이 흐르는 과정이에요. 돈은 충분한데 물건이 부족해도 문제고, 물건은 충분한데 돌아다니는 돈이 부족해도 문제가 생깁니다. 즉 상품이 충분히 생산되고, 돈도 원활히 유통되어야 하지요. 운동화 생산은 쉽게 이해되지만, 돈도 '공급'된다는 개념은 다소 낯설 수 있어요. 도대체 돈은 어떻게 공급되고 유통되는 걸까요?

우리가 경제 활동을 하는데 꼭 필요한 돈을 만들어 내는 곳. 돈이 부족하지 않도록 돈을 계속 공급해 주는 곳. 그곳이 바로 은행이에요.
이렇게 말하면 고개가 갸우뚱해지죠? 은행에 여러 번 가 봤어도, 은행원이 돈을 직접 만들어 내는 모습은 본 적이 없을 거예요. 그렇다면 은행은 어떻게 세상에 돈을 공급하는 걸까요?

은행은 멈춘 돈을 다시 돌게 해요

만일 은행이 없다면 세상에 돈은 곧 없어질 거예요. 지금 우리나라에는 약 4,000조 원에 가까운 돈이 돌아다니지만, 돈은 돌다 보면 한쪽에 쌓이기 마련입니다. 돈을 잘 버는 기업들이 있기 때문이죠.

예를 들면, A기업은 반도체를 만들어 매년 수백조 원을 벌어들이지만, 그만큼의 돈을 쓰지는 않아요. 그래서 A기업의 금고에는 돈이 쌓이고 잘 나오지 않죠. 시간이 흐를수록 돈을 잘 버는 기업들의 금고로 돈이 몰려들고, 세상에 돌아다니는 돈의 양은 점점 줄어듭니다. 결국 돈이 충분히 돌지 않으면, 아무리 멋진 운동화를 만들어도 살 사람이 없어지지요.

자, 이럴 때는 세상에 다시 돈을 공급해 주어야 합니다. 그 일을 누가, 어떻게 할까요? 물론 누군가가 개입하지 않고도 해결되는 방법이 있긴 합니다. 예를 들면 A기업의 금고에 돈이 쌓여 있으니 A기업이 그 돈을 다른 사람들에게 빌려주면 되겠죠? 그러면 돈이 다시 돌 수 있을 거예요.

그러나 A기업은 돈을 빌려 간 사람이 갚을 수 있을지 없을지 예상할 수 있는 방법이 없어요. 그래서 쌓여 있는 돈을 빌려주고 이자를 받고 싶어도 쉽게 시도할 수 없죠. 세상에는 돈이 부족하다고 아우성인데, A기업은 그 돈을 빌려주기도 어려운 상황인 거죠. 이 문제를 어떻게 풀어야 할까요? 여기서 은행이 등장합니다.

A기업은 은행을 믿고 갖고 있는 여윳돈을 맡겨요. 이걸 '예금'이라고 합니다. 그리고 은행은 그렇게 받은 돈을 필요한 사람들에게 빌려주어요. 이걸 '대출'이라고 부르죠.

물론 원하는 모두에게 돈을 빌려주는 건 아니에요. 누가 돈을 잘 갚을지 은행은 열심히 조사하고 분석해서 가려냅니다. 그래서 은행은 빌려준 돈을 돌려받지 못하는 일은 거의 없지요.

A기업에는 남는 돈이 많았고, 시중에는 돈이 필요한 사람들이 많았는데 그 둘은 직접 연결되기 어려웠어요. 돈을 안 갚으면 어떻게 하느냐는 A기업의 걱정 때문이었는데요, 은행이 중간에서 A기업의 걱정을 해결해 줬습니다.

은행은 돈이 순환하도록 돕는 중간 역할자

A기업뿐 아니라 세상에는 여윳돈이 있는 사람들이 많아요. 그 사람들 역시 돈을 누군가에게 빌려주고 이자를 받고 싶은데 상대방이 돈을 잘 갚을지 아닐지 몰라서 돈을 못 빌려주지요. 그럴 때 은행이 중간에서 '믿음직한 우리 은행에 돈을 맡기세요. 이자를 드릴게요.'라고 합니다. 그러면 시중에 쌓여 있던 돈이 은행으로 흘러 들어가고, 그 돈은 은행의 대출 창구를 통해서 돈이 필요한 사람들에게 흘러가면서 돈이 돌기 시작한답니다.

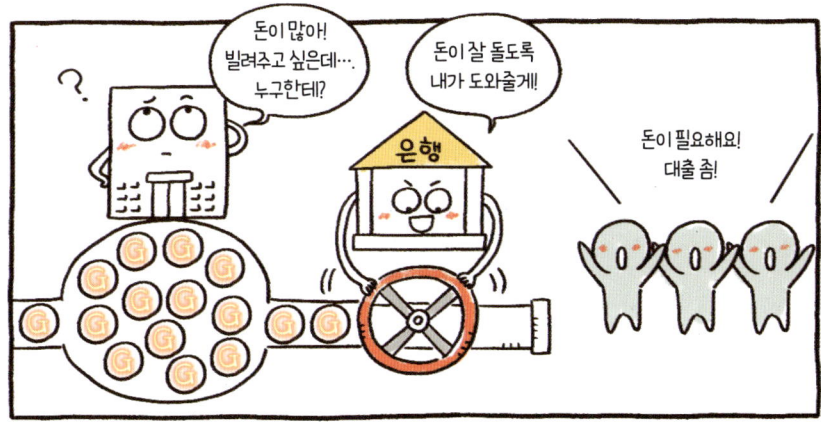

은행은 이렇게 여윳돈을 가진 사람들이나 기업들의 불안을 해소시켜 주면서 세상에 돈이 잘 돌도록 하는 중간 상인 역할을 해요. 은행이 없으면 세상에는 돈이 돌아다니지 못할 거예요. 돌아다니다가도 곧 멈추게 되죠. 세상에는 돈을 잘 쓰지는 않으면서 버는 건 기가 막히게 잘하는 기업이나 영리한 상인들이 있기 마련이거든요.

물론 이들은 훌륭한 기업이고 상인이며, 이들이 있어야 세상에는 좋은 물건들이 쏟아져 나올 수 있어요. 하지만 세상에 돌아다니는 돈이 자꾸 이들의 금고로 들어가서 숨어 버리면 문제가 생기겠죠. 이 문제를 해결하는 게 바로 은행입니다. 돈을 잘 버는 사람은 열심히 돈을 벌어서 은행에 쌓아 두면(예금) 은행이 그 돈을 필요한 사람들에게 나눠 주는 거예요(대출).

2장
새로운 몬의 등장!

"하지만, 지금 타스에서 아이콘이 엄청 잘 팔리는데?"

깜토가 창밖을 보며 아쉬운 표정을 지었다. 흑백의 도시 타스에 색색의 알전구 같은 눈동자들이 동실동실 떠다니고 있었다. 아이콘의 유행은 쉽게 사그라질 것 같지 않았다.

"맞아. 제온도 당분간 잘 팔릴 거라고 말했지. 그런데 말이야……."

지우리가 메아리 공책을 펼치자, 그 안에는 골드시티에 처음 도착했을 때의 다짐이 적혀 있었다.

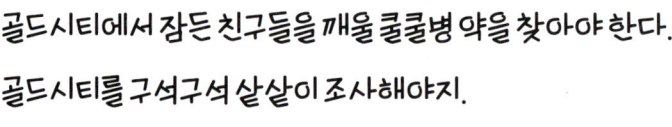

골드시티에서 잠든 친구들을 깨울 쿨쿨병 약을 찾아야 한다.

골드시티를 구석구석 샅샅이 조사해야지.

공책을 본 몬들은 모두 조용해졌다.

아이콘의 성공에 정신이 팔려 이곳에 온 목적을 잊고 있었다. 쿨쿨병이 생각나다가도, 자꾸만 다른 일에 치여 제대로 붙잡지 못했었다.

비비 대장이 고개를 끄덕였다.

"대장인 내가 목표를 잊으면 안 됐는데……. 지우리 말대로 골드시티에서 쿨쿨병 약을 찾든 만들든 해서 몬섬으로 돌아가자. 최대한 빨리!"

"아쉽지만, 해야 할 일이니까."

깜토가 아이콘 병을 만지작거리다가 무언가를 떠올린 듯 덧붙였다.

"이곳에서 번 타스를 골드시티로 가져가면, 골드 걱정은 안 해도 되겠지? 지우리는 쿨쿨병 약을 만드는 데에만 집중할 수 있을 거야!"

"맞아! 은행에 맡겨 둔 타스가 엄~청 많잖아. 우리가 번 타스를 합치면 골드시티에서도 문제없을 거야."

그란발이 두 팔을 활짝 벌리며 기쁜 목소리로 외쳤다. 긴 팔이 허공에 커다란 동그라미를 그렸다. 은행에 넣어 둔 타스를 떠올리자 든든한 기분이 들었다.

마침 제온과 콜로가 몬들을 향해 다가왔다.

"여러분께 드릴 말씀이 있어요. 콜로, 직접 하시겠어요?"

이때다 싶어 비비 대장도 제온에게 골드시티로 돌아가겠다고 말했다.

"우리는 다음 보름달이 뜰 때까지 꼭 해야 할 일이 있어요. 아이콘은 제온에게 부탁할게요. 우리는 여기서 이미 타스를 많이 벌었으니까요."

제온이 아쉬운 표정을 지었다.

"여러분과 함께하고 싶지만, 언젠가 또 만나겠죠."

그렇게 제온과 콜로, 몬들은 출입국으로 향했다. 콜로는 낯선 서버로, 몬들은 골드시티로 돌아갈 준비를 마쳤다.

먼저 배에 탄 몬 원정대를 향해 제온과 콜로가 손을 흔들었다.

몬들이 탄 커다란 배는 타스 서버를 뒤로하고 힘차게 앞으로 나아갔다. 어느새 타스에서 멀어지자, 파란 파도가 배의 앞머리를 철썩철썩 두드렸다.

"우아! 새파란 바다를 보니까 눈이 맑아지는 것 같아!"

"얘들아, 저기 봐! 골드시티가 보여!"

비비 대장의 손이 향하는 곳에 그리운 골드시티가 있었다. 햇빛을 받아 더욱 찬란하게 빛나는 도시를 보며, 몬들이 기뻐서 외쳤다.

"그래, 바로 저거야! 태양보다 더 반짝이는 골드시티!"

출입국을 통과한 뒤, 골드시티에 무사히 도착한 몬들은 광장 쪽으로 발걸음을 옮겼다. 몬들은 마치 고향에 돌아온 것처럼 편안했다.

"우선 제온이 알려 준 대로 T패스를 G패스로 바꾸자!"

비비 대장을 따라 다른 몬들도 G패스를 조작하자, 몬들의 몸이 본래의 색으로 돌아왔다.

"와, 이제야 골드시티에 돌아온 게 실감 나!"

그란발이 만족스러운 얼굴로 털을 쓰다듬으며 말했다.

비비 대장이 피곤한 눈을 비비며 말했다.

"일단 텐트부터 갔다가 다시……."

그 순간 귀를 찢는 것 같은 프로펠러 소리에 비비 대장의 목소리가 파묻혔다. 머리 위로 헬리콥터 여러 대가 날아갔다.

"헬리콥터들이 광장 쪽으로 가고 있어!"

"광장에서 무슨 소리가 들리는 것 같지 않아?"

약속이라도 한 듯, 몬들은 걸음을 빨리 옮겼다.

몬들의 예상대로였다. 광장은 수많은 아바타와 경찰차, 구급차, 소방차로 가득 차 발 디딜 틈이 없었다. 하늘에서는 헬리콥터들이 빙빙 돌며 긴박한 분위기를 더했다.

광장에 모인 아바타들은 모두들 걱정스러운 얼굴이었다. 무언가 심상치 않은 일이 벌어지고 있었다.

그때, 그란발이 갑자기 비명을 지르듯 소리쳤다.

"으악! 설마!"

공중에서 상황을 살피던 비비 대장도 이내 얼굴이 하얗게 질리며 머리를 쥐어뜯었다.

"그란발, 왜 그래? 비비, 도대체 무슨 일이야?"

그란발이 궁금해하는 깜토를 어깨 위로 번쩍 들어 올렸다. 지우리도 참지 못하고 덩굴을 엮어 그란발의 어깨 위로 올라갔다. 마침내 몬 원정대가 마주한 사건 현장은 정말 충격적이었다. 그곳에는 상상하지 못한 일이 벌어지고 있었다.

"설마 저기 건물에 매달려 있는 게 로저는 아니겠지?"

지우리가 안경을 썼다 벗었다, 눈을 비볐다 떴다 했다.

"에이, 아닐 거야. 로저랑 비슷한 아바타겠지."

"그치? 로저가 골드시티에 올 리가 없잖아. 그리고 걔는 눈도 엄청 나쁘잖아. 거울문을 어떻게 통과하겠어……?"

몬들은 서로 눈짓을 주고받고, 사람들 사이를 비집고 앞으로 나아갔다.

"안 되겠다. 내가 확인하고 올게."

비비 대장이 빠르게 날갯짓을 하며 멀리 날아갔다.

"위험해요! 일반 아바타는 접근 금지입니다!"

경찰이 확성기를 들고 외쳤지만, 비비 대장은 이미 높이 날아올라 있었다. 비비 대장이 하늘로 치솟아 건물 가까이 다가간 그 순간, 헬리콥터의 프로펠러에서 강한 바람이 몰아쳤다. 비비 대장이 균형을 잃고 크게 휘청거렸다.

"어어, 안 돼!"

비비 대장이 거센 바람 속에서 가까스로 몸을 가누며 기둥에 최대한 가까이 다가갔다. 마침내 로저와 눈이 마주치자 비비 대장이 외쳤다.

"로저……? 역시 너였구나! 로저, 나 비비야!"

"이 목소리는…… 비비? 너도 몬섬으로 돌아왔구나!"

로저는 반가운 표정으로 비비 대장을 바라보았다. 하지만 무언가 혼란스러운 듯이 고개를 갸웃거렸다.

"아니, 방금 전까지 여기에 지우리와 깜토도 있었는데……."

로저가 건물 꼭대기에 있는 스크린을 가리켰다.

"로저, 얘기는 나중에! 일단 내려가야 해!"

두 몬이 무사히 땅에 내려오자 구경하던 아바타들이 환호성을 지르며 박수를 쳤다.

"우아! 잘했어, 비비 대장!"

"저 아바타는 진짜 용감하네!"

몬들은 로저에게 우르르 달려갔다.

"로저 맞지? 세상에, 이게 어떻게 된 일이야?"

"정말 이상해. 내가 아는 몬섬은 조용하고, 이렇게 높은 나무도 없었는데 언제부터 이렇게 달라진 거야?"

로저는 이곳이 인간 세상이라는 말에 너무 놀라 눈만 껌뻑거렸다. 잠시 후 로저가 천천히 입을 열었다.

"기억나는 대로 말해 볼게. 사실 나도 이게 어떻게 된 일인지 정확히는 모르겠지만……."

몬들은 로저의 이야기에 귀를 기울였다. 그리고 자신들이 몬섬을 떠나 인간 세상에 적응한 과정을 들려주었다.

로저는 친구들에게 들은 인간 세상 이야기가 낯설고 복잡해서, 다 이해가 되진 않았다. 다만, 이곳이 몬섬과는 완전히 다른 세계라는 것은 깨달았다.

"그런데 왜 건물 위로 올라간 거야? 정말 위험했잖아!"

깜토가 눈을 크게 뜨며 로저에게 물었다.

"음……, 거기에 너희가 있더라고. 반가운 마음에 인사하려고 갔던 거야."

로저가 머리를 벅벅 긁으며 대답했다.

"그건 영상이야. 진짜 우리가 아니라, 카메라에 찍힌 모습이지."

몬들은 고개를 들어 건물 위를 바라보았다. 조금 전까지만 해도 지우리와 깜토가 찍은 광고 영상이 나왔는데, 지금은 오늘의 사건을 다룬 뉴스가 방영되고 있었다. 화면에는 로저가 건물에 매달려 있던 모습이 생생하게 나오고 있었다.

"와, 진짜 뉴스에 나왔네! 로저가 이렇게 크게 나올 줄이야!"

"로저, 너도 저기 좀 봐!"

몬들이 놀란 표정으로 웅성거렸다. 지우리가 로저에게 자신의 안경을 씌워 주었다.

"혹시 나도 나오려나? 아까 인터뷰할 때 나도 답했는데!"

깜토는 두 손을 모으고 기대에 찬 눈빛으로 말했다.

몬들은 고개를 푹 숙이며 한숨을 내쉬었다.

"로저, 여기는 몬섬과 달라. 인간 세상에서는 물건이나 음식을 갖고 싶으면 '골드'라는 걸 내고 교환해야 해. 그냥 가져다 먹으면 큰일 나."

로저는 여전히 이해가 가지 않는 듯 고개를 갸우뚱했다.

"골드? 나는 그게 없는데?"

"우리도 마찬가지야. 아직 타스를 골드로 바꾸지 못했거든."

몬들은 각자 손목의 G패스를 바라보았다. 당장 타스를 골드로 바꿔서 로저에게 보여 주고 싶었지만, 모두 몸이 천근만근이었다.

"일단 오늘은 정말 쉬어야 할 것 같아. 호숫가로 가자. 우리 텐트가 아직 그대로 있을 거야!"

깜토가 몬들을 향해 손짓하며 말했다. 어느새 주변이 어둑해지기 시작했다.

몬들이 호숫가에 도착했다. 지우리가 가장 먼저 텐트가 있는 쪽으로 달려가며 외쳤다.

"우아, 풀 냄새, 꽃향기 너무 좋다! 호숫가는 변함없네!"

하지만 금방 모든 게 그대로는 아니라는 걸 깨달았다.

비비 대장이 누울 자리를 만들기 위해 풀을 눕히며 말했다.

"그래도 잔디가 푹신하니 하룻밤 정도는 괜찮을 거야."

"그래, 너무 피곤해서 어디서든 푹 잘 수 있어. 긴 하루였어."

깜토가 하품을 하며 잔디에 풀썩 누웠다. 다른 몬들도 하나둘 자리를 잡았다.

로저는 벌러덩 누워 밤하늘을 바라보았다. 로저의 눈에 촘촘하게 박힌 별은 잘 보이지 않았지만, 시원한 바람과 친구들의 웃음소리에 마음이 편안해졌다. 곧 호숫가에는 풀벌레 소리와 몬들의 코 고는 소리만 들려왔다.

 로저, 그나저나 장로님은 잘 계셔?

그럼! 여기 오기 전까지는 나랑 운동하러 오셨다니까?

 장로님이 운동을?

음, '출입 금지'라면서 혼자만 운동하시려고 그랬나 봐!

 어떻게 됐는지 이제 알겠네….

정말?

 그래도 로저가 엉뚱한 곳에 떨어졌으면 못 만날 뻔했어.

그래. 건물 위에서 너희를 봤을 때 얼마나 반가웠다고!

우리 광고가 나온 게 천만다행이었네!

그러면... 너희가 거기 갇힌 건 아니지?

응, 절대 아니야!

다음부터는 어디에 올라가기 전에 한 번만 물어봐! 또 엉뚱한 데 올라가지 말고!

그러면 혹시 나무엔 올라가도 돼? 몬섬에서는 과일이 먹고 싶으면 그냥 따서 먹었잖아.

음, 보통 인간 세상에서는 가게에서 사 먹지.

헉! 과일도 골드를 주고 사야 해?!

그럼 공짜로 주는 줄 알았어?

갈 길이 멀다, 멀어.

우리 골드가
어디 갔지?

다음 날, 아침이 밝았다. 몬들을 깨운 건 하루와 제나의 목소리였다.

"헐! 근데 텐트가 왜 이래? 너희 밖에서 잔 거야? 벌칙이야?"

제나가 호들갑스럽게 물었다. 몬들은 졸린 눈으로 몸을 일으켰다.

"하암~, 오랜만이야……. 너희가 타스에서 골드시티로 먼저 넘어가고 나서 처음 보는 거잖아."

깜토의 인사에 하루가 고개를 끄덕이며 말했다.

"응, 그러게 말이야. 진짜 오랜만이다! 그나저나 우리가 골드시티에 퍼진 너희 소문을 잠재우고 다니느라 얼마나 고생했는지 알아? 아휴~."

"소문? 무슨 소문?"

그란발은 여전히 졸린지 눈을 비비며 물었다.

"너희가 안 보이니까 여기저기에서 소문이 퍼졌어. 너희가 갑자기 사라졌다고 온갖 억측을 하더라고. 우리가 정신없이 소문 수습하느라 진땀 좀 뺐지."

하루의 말에 제나가 덧붙였다.

"이젠 걱정 마. 우리가 아주 깔끔하게 정리했으니까!"

그러더니 묵직해 보이는 가방을 내려놓으며 몬들을 바라봤다.

"오랜만에 만난 기념으로 너희랑 같이 먹으려고 음식을 좀 챙겨 왔어. 뭘 좋아할지 몰라서 이것저것 가져왔지."

"이 안에 뭐가 있는 거야? 맛있는 냄새가 솔솔 나는데?"

하루가 코를 벌름거리며 보따리를 열었다. 보따리 안에는 빵과 치즈, 과일에 쿠키까지 간식으로 가득했다. 그런데…….

"이거…… 먹어도 되는 거지?"

"색이 죄다 왜 이래?"

음식들은 모두 타스에서 온 것처럼 흑백이었다.

그란발이 치즈 빵을 들고 입을 벌렸다. 냄새도 고소하고 치즈가 살짝 녹아 빵 위에 윤기를 띠고 있었지만, 색이 없으니 어딘가 이상하고 낯설었다.

"맛있지? 내가 요즘 쿠키 만드는 실력이 늘었거든."

자신만만한 제나의 말에 비비 대장도 쿠키를 한 입 베어 물고는 눈을 크게 떴다.

"와, 진짜 맛있다! 제나야, 빵집에서 파는 쿠키 같아!"

비비 대장의 말에 지우리와 깜토도 하나씩 간식을 집어 들었다. 깜토가 쿠키를 맛보고 나서 고개를 끄덕였다.

"응, 너무 달지 않고 고소한 게 딱 좋아."

몬들과 아이들의 웃음소리가 아침 공기 속으로 퍼져 나갔다. 오랜만에 함께하는 따스한 시간이 몬들의 마음을 온기로 가득 채웠다. 그러다 문득 지우리가 주위를 둘러보며 말했다.

"어? 그런데 로저는 어디 간 거야?"

그 순간 모두가 로저가 사라졌다는 사실을 깨달았다.

"또 사고 치러 간 거 아니야?!"

"로저는 눈이 나빠서 우리도 못 알아봤잖아! 호수에 빠지기라도 했으면 어쩌지?"

그란발이 벌떡 일어나며 소리쳤다. 제나와 하루는 고개를 갸웃거리며 물었다.

"로저? 로저가 누구야? 혹시 어제 광장에서 소동을 일으켰던 그 친구 말하는 거야?"

몬들이 말없이 고개를 끄덕였다.

로저를 찾으려고 날아오른 비비 대장의 날갯짓이 다급했다. 이내 멀지 않은 곳에서 땀을 뻘뻘 흘리며 달리고 있는 로저를 찾을 수 있었다.

"로저!"

비비 대장이 손을 흔들며 외치자 로저가 고개를 돌렸다.

"뭐? 내가 험악하다고? 앞이 잘 안 보여서 그런 건데……."

로저는 눈을 더 가늘게 뜨고 주위를 살폈다. 그럴수록 인상은 더 험악해졌다. 그 모습을 지켜보던 그란발이 킥킥거리며 장난스럽게 말했다.

"로저, 인상 좀 펴! 무서워서 아무도 말 못 걸겠어!"

"아이참, 난 그냥 안 보여서 그런 건데……. 어쩐지 사람들이 나한테 말을 안 걸더라."

로저는 그제야 자신의 표정을 의식하고 손으로 얼굴을 문질렀다. 그러고는 빵을 덥석 베어 물고 환하게 웃었다.

"우아~, 이 음식 정말 맛있는데?"

"너희 골드시티에 와서 아무 소식도 못 들었어? 어제 전광판에도 아이콘 뉴스가 나왔는데?"

하루의 물음에 몬들은 고개를 갸웃대며 서로를 쳐다보기만 했다. 로저를 찾느라 전광판에 나온 뉴스는 아무도 보지 못한 것이다.

제나가 몬들을 둘러보고는 씨익 웃으며 말했다.

"뭐야, 아직 소식을 업데이트 안 했네? 골드시티에 왔으면 바로바로 새 소식을 접수해야지~."

하루가 설명을 덧붙였다.

"너희가 제온과 함께 타스로 갔잖아. 그런데 타스가 인기 없는 서버이다 보니 아이콘이 타스에서도 망할 거라는 소문이 돌았고, 결국 아이콘의 주가는 더 떨어졌어."

"타스에서는 골드시티 소식을 알 수 없어서 전혀 몰랐어."

몬들이 고개를 내저었다.

제나는 지난 기억을 떠올리며 몸을 움찔했다.

"아휴, 그때 우리가 산 아이콘 주식이 휴지 조각이 되는 줄 알고 얼마나 속상했는지 몰라! 골드를 전부 날리는 줄 알았다니까."

하루가 갑자기 힘을 주어 말했다.

"그런데!"

"반대로 싼 가격에 아이콘 주식을 사려는 사람들도 생겼어. 모험을 한 거지. 그리고 곧…… 타스에서 아이콘이 대성공을 거뒀다는 소식이 골드시티에 전해진 거야! 그리고 무슨 일이 일어났겠어?"

모두가 긴장한 표정으로 하루의 말을 기다렸다.

"바로…… 주식이 오른 거지!"

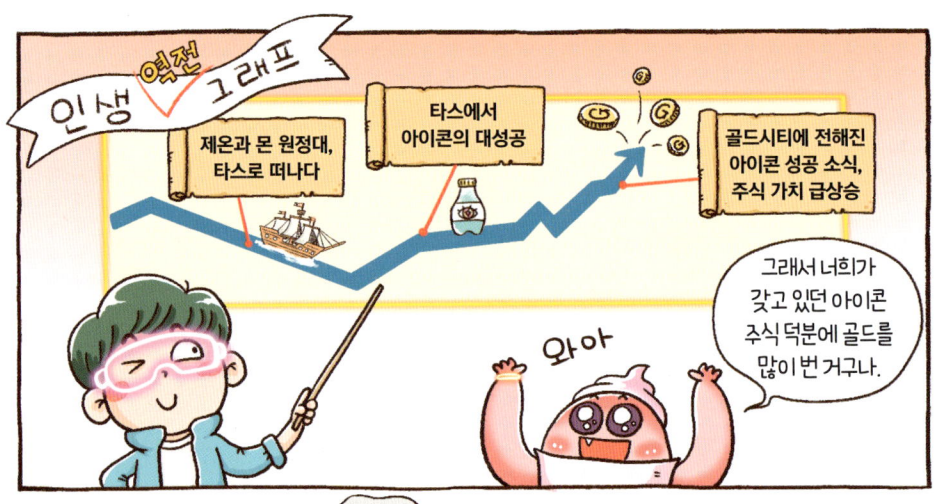

하루는 현실 세계에서는 안경을 쓰는 아이였다. 눈이 나쁘면 얼마나 불편한지 잘 알기에 로저를 이해할 수 있었다.

"눈이 나쁘면 안경을 쓰면 되잖아!"

"그래, 로저에게 안경을 사 주자!"

하루의 말에 비비 대장이 맞장구쳤다. 곧바로 모두 함께 광장으로 가서, '골드 안경점'이라는 가게로 우르르 들어갔다.

로저는 눈앞에 있는 모든 것이 선명하게 보였다. 이제야 골드시티를 제대로 볼 수 있었다. 시원하게 물줄기를 뿜어내는 분수대, 높고 낮은 다양한 건물들, 형형색색의 간판, 기기묘묘한 차림의 수많은 아바타, 그리고 옆으로 씽씽 지나가는 바퀴 없는 킥보드들까지.

그때였다. 로저의 스마트 안경에서 갑자기 신호음이 울렸다. 이 신호는 로저만 알아챌 수 있는 비상 알림이었다.

"어? 위험 신호가 잡혔어. 어디지?"

로저는 급히 주위를 살폈다. 킥보드가 빠르게 달려오고 있는 도로 한가운데에, 아주 작은 아바타가 뛰어든 걸 발견했다.

"앗, 안 돼!"

킥보드가 가까이 다가오고 있었지만, 로저는 망설임 없이 아바타를 향해 몸을 던졌다.

"으악!"

"아이고, 저런!"

주변에 있던 사람들은 깜짝 놀라서 모두 눈을 질끈 감았다. 큰일이 벌어진 건 아닌가 싶어서 쉽게 눈을 뜨지 못했다.

숨소리조차 들리지 않는 고요가 흐르고, 사람들은 다시 눈을 떴다.

"깜짝 놀랐잖아! 하지만 아이를 구하다니, 너 진짜 멋지다!"

하루와 제나가 로저의 등을 두드리며 웃었다. 로저는 쑥스러워하며 머리를 긁적였다.

"뭐…… 그냥 당연히 해야 할 일을 한 거지. 다행히 큰일은 안 났잖아."

로저가 얼굴을 붉히며 말했다. 지켜보던 사람들이 하나둘 박수를 치기 시작했다. 로저의 얼굴이 점점 더 붉어졌다.

"로저 네가 큰일을 막은 거지."

제나가 미소를 지으며 말했다. 몬들도 고개를 끄덕이며 공감했다. 그때 비비 대장이 갑자기 할 일이 떠오른 듯 말했다. 멀리 높이 솟아 있는 시청 건물이 눈에 들어온 것이다.

"시청으로 가자. 로저를 시민으로 등록해 줘야지."

"맞아, 중요한 일이야! 시청으로 가자!"

몬들은 비비 대장의 말에 한목소리로 동의했다. 하루와 제나는 그런 몬들을 보며 흐뭇하게 웃었다. 이제는 일일이 알려 주지 않아도 스스로 알아서 다 하다니! 처음 골드시티에 왔을 때 우왕좌왕하던 모습이 떠올라 마음이 뿌듯했다.

"몬들, 이제 우리는 간다! 오랜만에 접속했으니 퀘스트 좀 해야 해."

"참, 며칠 뒤에 골드시티 서버 시스템 업데이트가 있대. 서버 업데이트한 뒤에 또 보자!"

하루와 제나가 손을 흔들며 사라진 뒤, 몬들은 시청으로 향했다. 가는 길에 비비 대장과 지우리는 로저에게 아바타를 시청에 등록해야 하는 이유를 차근차근 설명해 주었다.

"잠시만, 제온이 타스를 G패스로 보내는 법을 알려 줬어."

지우리는 제온이 알려 준 방법을 떠올리며 타스를 송금하는 절차를 하나씩 해 나갔다.

지우리가 침착하게 말했다.

"우리가 번 타스가 아직 타스 은행에 있어서, 골드시티 은행으로 전송 요청을 해야 하나 봐. 각자 G패스에서 전송 요청 버튼을 누르면 돼."

그 말에 몬들도 각자 G패스를 확인했다. 그리고 화면에 떠오른 전송 버튼을 눌렀다.

어마어마한 금액의 타스를 보니 웃음이 절로 났다.

"우아~, 성공이야! 생각보다 쉬운데?"

"환전을 해야 한대. 그런데 환전이 뭐였더라?"

깜토가 머리를 긁적이며 물었다.

"제온 말로는 서로 다른 서버의 돈을 맞바꿔 주는 거랬어. 골드시티 은행에 가면 자세히 알려 줄 거야."

지우리의 말이 끝나자마자 몬 원정대는 골드시티 은행으로 걸음을 재촉했다. 비비 대장이 말했다.

"골드로 환전만 하면 그란발은 실컷 먹고, 깜토는 예쁜 옷도 사고, 지우리는 멋진 실험실을 갖게 될 거야!"

일이 술술 풀릴 것만 같은 기분이 들었다.

은행에 들어간 지우리는 입구에 놓인 대기 번호표 기계를 발견하고 곧바로 번호표를 뽑았다.

"오, 내 번호가 43번이야? 생각보다 손님이 많네."

번호표를 뽑은 몬들은 의자에 앉아 차례를 기다렸다. 은행원들은 바쁘게 일하고 있었다. 창구에서 아바타들에게 무언가 설명하거나 서류를 주고받느라 한시도 쉴 틈이 없어 보였다.

"우리가 받은 타스를 골드로 바꾸면 얼마나 될까?"

"나중에 다른 서버에 가서도 이렇게 환전하면 되겠지?"

몬들은 들뜬 마음으로 대화를 나누었다. 그 사이 전광판의 번호는 하나씩 바뀌었다. 41번, 42번…… 그리고 마침내 43번이 떴다.

"우아, 우리 차례야!"

지우리는 고개를 들어 몬들을 살펴보았다. 놀라거나 잔뜩 풀 죽은 얼굴이었다.

"어쩔 수 없네요. 환전해 주세요······."

타스는 골드시티에서 단 한 푼도 쓸 수 없으니 선택의 여지가 없었다. '1타스가 곧 1골드'라고 철석같이 믿고 있었던 몬 원정대의 계획에도 빨간불이 켜졌다.

몬들은 터덜터덜 광장으로 향했다. 어디선가 로저 목소리가 들렸다. 로저는 사람들에게 둘러싸여 있었다.

"자, 어깨 쭉~ 펴고! 하나, 둘!"

어제는 '난동 아바타'로 불리던 로저가 지금은 운동 선생님이 되어 광장에 모인 사람들에게 운동을 가르쳐 주고 있었다. 로저와 함께 있는 이들 얼굴에 생기가 넘쳤다.

로저가 몬들을 발견하고 다가왔다. 하나같이 어깨가 축 늘어진 친구들을 보고 놀란 로저가 물었다.

"왜 그래? 무슨 일이야?"

"우울해······. 아무 말도 하고 싶지 않아······."

깜토의 말에 로저가 달리는 시늉을 하며 말했다.

"우울할 땐 운동을 하면 돼! 내가 뛰는 걸 보더니 사람들도 함께 뛰기 시작했어. 애들아, 너희도 좀 뛰어!"

로저가 부추겼지만, 상심한 몬들은 힘이 나지 않았다.

 로저, 인간 세상에 왔으니 솔직히 말해 봐! 여긴 어때?

음…. 일단 맛있는 게 많아서 좋아!

 오오~ 인정! 길거리에만 나가도 빵, 과자, 아이스크림이 잔뜩 있지!

그렇다고 골드 없이 그냥 집어 가면 안 돼. 큰일 난다고!

 몬성처럼 다 같이 나눠 먹는 것도 안 돼?

가게에서 그냥 주는 건 절대 없다고 봐야지?

 우리끼리는 가능하지! 다만 골드시티에서는 규칙처럼 딱 정해져 있어!

 로저가 골드를 벌 수 있게 우리가 뭐 도와줄 수 없을까?

나는 근육으로 말해! 뭐든 들고 나르고 지키는 일은 맡겨만 줘!

 맞아. 아까는 정말 멋졌어. 위험에 처한 아바타를 딱! 구해냈잖아!

다른 아바타가 뭐랬는지 알아? 영웅이라잖아!

 아하하…. 그냥 몸이 먼저 움직였어.

진짜야, 로저. 다들 감동했잖아.

 새로운 동료로 로저가 오니까 마음이 든든한걸?

자, 다시 시작이야! 쿨쿨병을 고치러 돌아온 거고, 골드도 꼭 필요하잖아?

 열심히 도울게! 힘쓰는 건 자신 있으니까!

이기자 리포트 2

환전과 환율

각 나라에서 쓰는 돈은 다릅니다.
필요한 돈으로 바꿀 수 있지만,
문제는 환율이에요.
환율이 변하면 같은 금액이라도
더 많거나 적게 바뀔 수 있습니다.

돈을 바꿔야 원하는 걸 살 수 있어요

우리는 돈이 있으면 원하는 걸 살 수 있기에 돈을 중요하게 생각해요. 그런데 정말 돈만 있으면 뭐든지 살 수 있을까요? 예를 들어, 케냐에서 만든 물소 뿔 나팔을 사려면 케냐에서 통용되는 돈이 필요합니다. 네덜란드 치즈를 사려면 네덜란드 돈이 필요하고요. 한국 돈이 많아도 케냐나 네덜란드에서는 쓸 수 없죠. '그 나라에서 파는' 것을 사려면 그 나라 돈이 있어야 해요.

돈은 나라별로 사용 범위가 정해져 있어 상품권과 비슷합니다. A백화점 상품권은 A백화점에서만, B백화점 상품권은 B백화점에서만 쓰이듯, 미국에선 달러화, 중국에선 위안화, 일본에선 엔화가 필요해요. 그렇다면 A백화점 상품권을 갖고 있는데 B백화점에서만 파는 가방을 사고 싶다면 어떻게 할까요? B백화점 상품권을 가진 사람과 교환하면 돼요.

돈도 마찬가지예요. 일본에서 파는 시계를 사고 싶은 중국인은 위안화로 바로 살 수 없지만, 위안화를 엔화로 바꾸면 가능합니다. 이렇게 가진 돈을 다른 나라 돈으로 바꾸는 것을 '환전'이라고 해요.

환율은 매일매일 변해요

다시 백화점 상품권 이야기로 돌아가 볼까요? 만약 B백화점에는 사고 싶은 물건이 많은데 A백화점에는 별로 없다면, 사람들은 A백화점 상품권을 B백화점 상품권으로 바꾸고 싶어 하겠죠. 그러면 B백화점 상품권을 가진 사람들은 더 높은 가치로 교환하려 할 거예요. "다들 B백화점 상품권을 원하니까, 이제 A백화점 상품권 2장을 가져와야 B백화점 상품권 1장과 바꿔 줄게!"라고 말할 수도 있죠.

이렇게 상품권의 가치가 달라지면 교환 비율도 변해요. 처음엔 A백화점 상품권 1장이 B백화점 상품권 1장과 교환되었지만, 이제는 A백화점 상품권 2장이 있어야 B백화점 상품권 1장을 받을 수 있게 되었어요. 즉, A백화점 상품권의 가치는 떨어지고, B백화점 상품권의 가치는 올라간 것이죠.

돈도 마찬가지예요. 예를 들어 일본에는 갖고 싶은 상품이 많지만, 중국은 그렇지 않다면, 사람들은 일본 돈(엔화)을 많이 찾게 되면서 엔화의 가치는 올라가고 중국 돈(위안화)의 가치는 낮아져요. 그러면 두 나라 돈을 바꾸는 교환 비율도 변하겠죠. 이렇게 나라 간 돈을 맞바꿀 때 적용되는 비율을 '환율'이라고 합니다. 환율은 매일 변할 수밖에 없어요. 어떤 날은 한 나라의 물건이 더 인기를 끌고, 다른 날은 또 다른 나라의 물건이 인기를 끌기 마련이니까요. 그때마다 사람들이 더 원하는 돈이 달라지고, 그래서 환율도 계속 변하는 거죠.

가격이 움직이면 선택지가 생겨요

자, 이제 가격이라는 것에 대해 한번 생각해 볼까요? 예를 들어, 마이클이라는 가수는 노래를 아주 잘하고, 1회 공연 시간이 60분이에요. 반면 이제 막 가수가 된 마이콜은 노래 실력이 마이클보다 좋지 않고, 1회 공연 시간이 20분이에요. 그런데 둘 다 공연 비용이 똑같이 10만 원이라면 어떻게 될까요?

마이클은 여기저기 다니며 목이 아프도록 노래를 불러야 하고, 마이콜은 아무도 찾지 않겠죠. 사람들은 파티에 마이클을 부르고 싶지만, 마이클이 너무 바빠서 초대할 수 없어 속상해할 거예요. 그러다 그의 공연 비용이 30만 원으로 올랐어요. 그러자 마이클을 찾는 섭외 전화가 전보다 줄어들었고, 마이클은 하루에 몇 번만 노래해도 필요한 만큼의 돈을 벌 수 있게 됐어요.

반대로 마이콜은 공연 비용을 5만 원으로 낮췄더니 찾는 사람이 생기기 시작했어요. "우리 예산에 맞는 가수는 마이콜이야!" 하는 사람이 많아졌고, 마이콜도 노래를 부를 기회를 얻으며 돈을 벌 수 있게 됐죠. 이제 마을 사람들도 자신들의 상황에 따라 가수를 선택할 수 있으니 조금 더 합리적인 결정을 할 수 있게 됐죠.

환율이 가격을 바꿔요

환율은 나라 간 거래에서 가격의 역할을 해요. 예를 들어, 미국과 프랑스가 둘 다 자동차를 만들지만, 미국 자동차가 더 인기 있다고 가정해 보죠. 사람들은 미국 자동차를 사려면 미국 돈이 필요하고, 그 가격은 1만 달러예요. 반면, 프랑스 자동차는 찾는 사람이 없어 유로화를 구하려는 사람도 적어요. 이런 상황이 계속되면 달러화의 가치(인기)는 올라가고 유로화의 가치는 떨어져요. 그래서 처음에는 1달러와 1유로를 서로 교환하다가 나중에는 1달러를 2유로와 바꾸게 될 거예요. 환율이 변한 거죠.

이제 비싸진 1만 달러짜리 미국 자동차는 덜 팔리게 되고 1만 유로짜리 프랑스 자동차는 슬슬 찾는 사람이 늘어나게 돼요. 좀 덜 멋지긴 하지만 그래도 가격이 싸니까요. 환율은 이렇게 두 나라에서 만드는 서로 다른 물건의 품질 차이를 자연스럽게 가격 차이로 바꿔 주면서 좋은 품질의 상품도 팔리고 그보다 떨어지는 품질의 상품도 팔릴 수 있게 도와주는 역할을 해요.

환율이 변하면 조심해야 할 경우도 생겨요

환율이 변하면 예기치 못한 일이 벌어지기도 해요. 미국 자동차를 수입해 팔려던 독일 상인(독일도 유로화를 써요.)도 환율이 변하면 큰일이에요. '1달러=1유로'였을 때는 1만 유로만 주면 살 수 있었던 미국 자동차가, 환율이 '1달러=2유로'가 되면서 2만 유로나 줘야 하거든요.

또한, '1달러=2유로'가 되면 미국에서 파는 모든 물건이 프랑스와 독일인의 입장에서 훨씬 비싸게 느껴져요. 프랑스 돈을 미국에 가서 환전하면 절반의 가치밖에 안 된다는 걸 알게 되죠. 이렇게 환율은 이리저리 변하면서 문제를 해결하기도 하지만 그런 변화를 예측하지 못한 사람들에게는 오히려 걱정거리가 되기도 해요. 타스와 골드시티의 화폐 가치가 다르다는 걸 몰랐던 몬들이 당황했던 것도 그런 이유였던 거예요.

**지도 찾기**

골드시티 은행으로 가는 길

은행으로 가려면 어떻게 해야 하더라?
무사히 은행까지 가려면 빨강, 노랑, 초록, 파랑 화살표 중
어디에서 시작하면 좋을까?
화살표에 쓰인 숫자만큼만, 화살표가 가리키는 쪽으로 이동할 수 있어.

4→	2↓	3↓	1↓	6↓	1↓	2↓	4←	1←	2↓
4↓	8→	5←	3↓	2↓	3→	3→	2↓	1↓	7↓
2→	5↓	2←	2←	2←	1↓	3→	6↓	1↓	4←
1↑	4↓	1↓	6↓	2↓	3↓	3→	4←	2↓	2←
1↓	3→	1↓	4←	2↓	5↓	3→	2←	4←	1↑
2→	2↓	4←	3↓	3↓	2→	3←	1↓	1←	은행
5←	3↓	1↓	3↓	2↓	4←	3↓	3↓	4←	1↑
6↑	2→	4←	4←	6↓	3←	3←	6←	3←	5↑
9↑	7→	2↓	2←	3↓	1←	4→	3←	3←	9↑
1↑	1↑	2←	2←	2←	4←	1←	2←	4←	3←

삼각형을 찾아라

아래 그림에서 서로 다른 삼각형을 모두 찾아 봐!
서로 겹쳐진 것도 있어서 생각보다 더 많은 삼각형이 숨겨져 있지.
놓치지 않도록 꼼꼼하게 살펴봐!

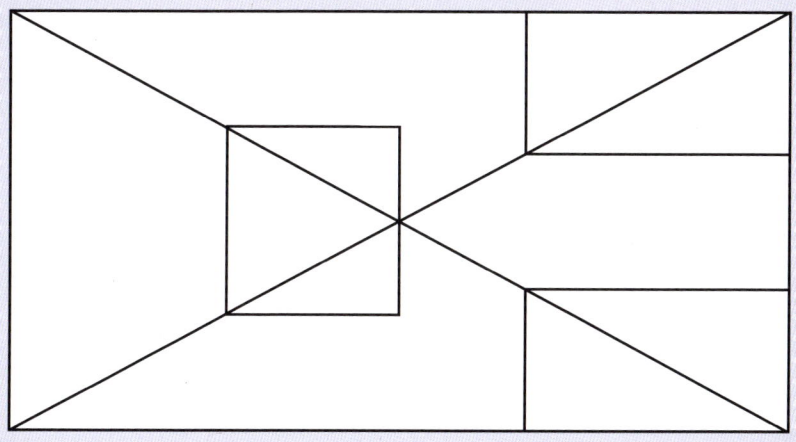

정답

삼각형의 개수는 _____ 개

알통 로저 쌤과 함께 운동해요!

"우리 이제 어디로 가지?"

"호숫가로 다시 가야 해?"

몬들의 머릿속에 다 부서진 텐트와 땅바닥에 나뒹구는 캠핑 장비가 동시에 떠올랐다. 호숫가로 돌아가는 건 좋은 생각이 아니었다.

그때, '골드시티 부동산'이라는 간판을 건 상점이 눈에 들어왔다. 3D 홀로그램으로 떠 있는 근사한 건물들이 몬들의 시선을 단번에 사로잡았다.

로저가 가리킨 건물의 가격은 너무 비쌌다. 몬들이 가진 골드를 모두 합쳐도 턱없이 부족했다. 지우리는 실망한 표정을 애써 숨기며 괜히 발끝으로 땅을 톡톡 찼다.

"으악! 또 힘들게 일해야 하는 거야?"

그란발은 머리를 쥐어뜯으며 한탄했다. 그동안 골드를 벌기 위해 고생한 경험들이 머릿속을 스쳐 갔다.

몬들은 다시 터덜터덜 걷기 시작했다. 그러다 보니 어느새 초코 와플 가게 앞에 다다랐다.

"하나씩만 먹자. 먹으면 기분이 좀 나아질 거야."

몬들은 환전한 골드로 초코 와플을 하나씩 사 들고 맛있게 먹었다. 그란발은 와플을 한입에 와사삭 부수어 넣느라 입가에 초콜릿 시럽을 잔뜩 묻힌 채 감탄했다.

"정말 맛있네, 이거?!"

달달한 와플을 먹으니 기분도 좋아지고 힘이 솟는 것 같았다. 그리고 갑자기 눈앞이 환해졌다. 하지만…… 사실 그건 지금 딱 필요한 광고를 발견했기 때문이다.

비비 대장의 제안에 몬들은 다시 은행 문을 열었다. 조금 전에 나갔던 몬들이 다시 들어서자, 은행 직원들이 깜짝 놀라 몬들을 쳐다봤다.

"고, 고객님, 무슨 일로 다시 오셨나요?"

"밖에 있는 광고판을 봤어요. 어려움을 겪는 아바타를 도와준다면서요?"

난데없는 그란발의 말에 직원은 잠시 당황했지만 금방 미소를 지었다.

"아, 대출 상담을 원하시는 거군요. 이쪽으로 오세요."

몬들은 대출 상담 창구로 안내를 받았다.

"골드는 얼마나 필요하신가요?"

직원의 질문에 몬들은 멀뚱멀뚱 서로 눈치만 봤다. 결국 비비 대장이 나섰다.

"그래도 일단 골드를 빌리면 당장 필요한 건 해결할 수 있잖아. 나중에 갚으면 되는 거고."

비비 대장의 말에 몬들은 서로 마주 보고 고개를 끄덕였다. 나중에 골드를 더 내야 하는 건 아쉽지만, 바로 오늘 밤 머물 곳도 없으니 마다할 처지가 아니었다.

은행은 고객들에게 대출을 해 주고 이자를 받는다.

지우리가 메아리 공책에 적고 나서 직원에게 말했다.

"저희는 연구실이랑 숙소가 필요해요."

"네, 그러면 그것을 마련할 비용을 대출받으시면 되겠네요. 저희가 마침 저금리 대출 상품을 준비해 두었답니다."

은행 직원이 미소를 지으며 말했다.

"우리에게 골드를 빌려주신다는 건가요?"

비비 대장이 묻자, 직원은 고개를 끄덕였다.

"맞습니다, 고객님. 이자가 가장 저렴한 상품으로 소개해 드릴게요."

몬들은 각자 가진 골드를 꺼내어 모두 모았다. 30,000골드였다. 아까 부동산에서 본 그 건물의 가격은 110,000골드였으니까 부족한 금액인 80,000골드를 대출받으면 되었다.

"적지 않은 골드네. 열심히 갚아야겠어."

몬들이 결의를 다지는 동안, 비비 대장이 대표로 서류를 작성해 대출 절차를 마쳤다. 몇 번 클릭하자, 골드시티 은행에서 대출받은 금액이 비비 대장의 G패스 계좌로 들어왔다.

비비 대장이 G패스 화면을 확인하고는 몬들에게 외쳤다.

"가자!"

몬들은 우르르 '골드시티 부동산'으로 몰려갔다.

"이곳을 빌리고 싶습니다!"

몬들이 눈여겨보았던 넓은 공간이 홀로그램으로 빙글빙글 돌며 나타났다. 다시 봐도 정말 멋진 공간이었다.

"탁월한 선택이에요! 역시 보는 눈이 있으시네요!"

후딱 계약을 마친 몬들은 부푼 마음으로 건물로 달려갔다.

로저가 소매를 걷어붙이고 바닥에 널브러진 물건들을 정리하기 시작했다. 다른 몬들도 각자 분주하게 움직였다. 깜토는 걸레로 바닥을 닦고, 비비 대장은 구석구석 벽에 쌓인 먼지를 털었다.

한참 청소를 하던 깜토가 널빤지 하나를 집어 들고 삐뚤빼뚤하게 글씨를 썼다. 그러고는 뿌듯한 표정으로 간판을 들어 보였다.

"짠! 여기는 '쿨쿨병 연구소'입니다! 어때? 그럴싸하지?"

몬들은 깜토의 솜씨에 박수를 보내며 환호했다.

"간판이 있으니까 진짜 연구소 같아! 최고야!"

비비 대장이 간판을 벽에 고정하자, 모두 한 발 물러서서 연구소를 감상했다. 그 순간, 제나에게서 G패스 메시지가 도착했다.

로그인했는데 너희가 안 보여. 뭐 하고 있어?

비비 대장이 제나에게 쿨쿨병 연구소의 위치를 찍어 보냈다. 얼마 지나지 않아 문이 벌컥 열리며 하루와 제나가 들어왔다. 실내를 둘러본 제나가 눈을 반짝이며 말했다.

"우아! 쿨쿨병 연구소라니? 천재 과학자 지우리한테 진짜 연구소가 생겼네?"

"아직 좀 휑하긴 하네. 연구소라기보단 창고 느낌인데?"

하루의 말에 비비 대장이 어깨를 으쓱하며 말했다.

"이제 막 시작했으니까. 무엇부터 할지 고민 중이야."

그때 하루가 손가락을 탁 튀기며 외쳤다.

"참! 이삿날에는 짜장면부터 먹어야지!"

"짜장면? 이름이 웃기다. 짜짜? 짜장……면?"

"무슨 맛인데?"

로저와 그란발의 질문에 하루가 확신에 찬 목소리로 답했다.

"한번 먹어 봐! 이사한 날엔 무조건 짜장면! 전통이야!"

하루와 제나의 재촉에 결국 몬들은 배달을 시켰다.

잠시 후, 배달원이 철가방을 들고 나타났다. 검은 소스가 듬뿍 얹힌 면을 본 몬들은 반신반의했다.

짜장면 파티가 끝나고 하루와 제나는 로그아웃을 해야 한다며 돌아갔다.

"이제 너희끼리 잘 지내 봐! 연구 잘하고~!"

하루가 손을 흔들며 인사하고, 곧 아이들의 모습이 사라졌다. 몬들은 골드시티에서 마련한 첫 보금자리에서의 첫날 밤을 맞이하게 되었다.

깜토가 바닥에 털썩 누우며 중얼거렸다.

"쿨쿨병 약은 나중에 만들고 오늘은 일단 잘래……."

그란발이 이불을 뒤집어쓰며 맞장구쳤다.

"찬성이야. 이미 쿨쿨병에 걸린 것 같거든."

곧 말소리는 잦아들었고, 가벼운 숨소리만 남은 채 모두 깊이 잠들었다.

다음 날 아침이 밝았다. 새로운 곳에서 맞이하는 아침은 낯설었다. 지우리는 주변을 두리번거리며 말했다.

"로저는 또 없네."

"이미 아침 운동 하러 떠난 모양인데?"

비비 대장이 대답하는 동시에 몬들의 G패스에서 한꺼번에 메시지 알림음이 울렸다.

- 건강한 골드시티 -
☆ G패스의 운동 바를 다 채우는 아바타에게 100골드 지급 ☆
☆ 선착순 10명은 2배 지급 ☆

"이게 뭐지? 새로운 이벤트인가?"

그란발이 졸린 눈으로 G패스를 보며 물었다.

"아, 로저가 G패스로 운동량을 측정할 수 있다고 했었지? 운동 바를 채우면 보상을 주는 이벤트인가 보네."

지우리의 말이 끝나자마자 몬들이 눈을 반짝이며 소리쳤다.

"선착순 10명한테는 두 배로 준대!"

그 말에 모두 흥분하여 웅성거렸다.

"무슨 운동을 해야 하지? 로저한테 물어보자!"

몬들은 우르르 밖으로 뛰쳐나갔다. 메아리 공책을 가만히 펼쳐 보던 지우리만 조용히 호숫가로 발길을 돌렸다.

한편, 골드시티를 돌아다니며 로저를 찾던 몬들은 광장에서 예상치 못한 장면을 마주했다. 본격적으로 아바타들에게 운동을 가르치고 있는 로저가 보였다. 멀리서도 새로운 에너지가 전해지는 것을 모두가 느낄 수 있었다.

로저가 운동을 마치고 땀을 훔치며 몬들 앞으로 다가왔다. 손에 든 G패스를 흔들며 활짝 웃고 있었다.

"내가 1등으로 운동 바를 다 채웠어! 200골드 받았다니까!"

깜토가 엄지손가락을 척 내밀며 로저를 칭찬했다.

"잘했어, 로저! 대출금 갚는 데 도움이 되겠네!"

로저는 숨을 고르며 입술을 오물거렸다.

"휴, 목마른데 뭐 마실 거 없나?"

그때 그란발이 번뜩이는 얼굴로 말했다.

"골드시티에서는 매일 아침 9시에 1골드가 자동으로 들어오잖아. 그걸로 음료수 사서 마시자."

몬들은 다 함께 푸드 트럭으로 향했다. 신선한 토마토주스가 목을 타고 부드럽게 넘어가며 기운을 북돋워 주었다. 주스를 꿀꺽꿀꺽 들이킨 로저가 입가를 닦으며 말했다.

"와, 이거 진짜 시원하고 맛있네요!"

푸드 트럭 사장님이 로저에게 주스 한 잔을 더 건네며 환한 미소를 지었다.

"로저 쌤 맞으시죠? 덕분에 오늘 주스가 많이 팔렸어요. 운동하러 오는 분들이 많을수록 주스 판매량도 올라가거든요. 내일도 꼭 나오셔야 해요~."

사장님의 기대는 이루어졌다. 다음 날부터 로저의 아침 운동에 참여하는 아바타들이 점점 늘어났다. 입소문이 빠르게 퍼지며 '알통 로저 쌤과 함께하는 아침 운동'은 골드시티의 새로운 유행으로 퍼지고 있었다.

"저기 봐, 사람들이 더 많이 왔어!"

운동하러 나온 아바타들이 하나둘씩 늘어나더니 광장은 점점 붐비기 시작했다.

깜토는 토마토주스를 들이키며 걱정스러운 얼굴로 말했다.

"이러다 누가 다치기라도 하면 어떡하지? 너무 복잡해."

몬들은 상황을 지켜보며 잠시 고민에 잠겼다. 점점 늘어나는 인원을 관리할 방법이 필요했다. 그때 푸드 트럭 사장님이 다가와 아이디어를 냈다.

"체계적으로 운영을 하려면 크루 참가비를 받는 건 어떨까요? 매일 1골드 정도면 어때요? 그러면 사람들도 질서 있게 참여할 거고, 관리에 필요한 물품도 살 수 있잖아요."

비비 대장은 사장님의 말을 듣고 고개를 끄덕였다.

"좋은 아이디어예요!"

몬들도 서로 눈을 마주치며 찬성의 뜻을 전했다.

"좋아, 이대로 해 보자!"

비비 대장은 크루 참가비 제도를 도입하기로 정했다. 로저는 운동 참가자들을 이끌며 프로그램을 더 체계적으로 진행하고, 깜토와 그란발은 장비 관리를 맡기로 했다.

운동 크루가 더 짜임새 있게 운영되면서 운동하러 오는 아바타들이 점점 더 늘어났다. 골드시티는 새로운 활기로 가득했다.

다음 날 아침, 로저는 눈을 반짝이며 몬들에게 말했다.

"애들아, 내가 몬섬에서 친구들이랑 해 보고 싶었던 운동이 있어. 그동안 쿨쿨병 때문에 한 번도 못 했는데, 여기서 해 봐도 될까?"

몬들은 궁금한 표정으로 서로 눈을 마주쳤다. 그리고 열정 어린 로저의 얼굴을 보고 바로 고개를 끄덕였다.

이튿날 아침, 이른 아침의 상쾌한 공기 속에서 로저와 크루들은 같은 색깔의 단체 운동복을 입고 힘차게 달렸다.
 맨 뒤에서는 깜토와 그란발이 숨을 헉헉대며 따라왔다.
 "그란발, 나 너무 힘들어……."
 "깜토, 힘내. 이게…… 로저가 하고 싶어 했던 거구나. 모두가 친구가 되어 함께 뛰는 거……."

호숫가 한쪽에서 약초를 캐던 지우리가 달리는 무리를 보고 깜짝 놀랐다. 지우리는 나무 뒤에 숨어 신기해하는 눈빛으로 그들을 지켜보며 중얼거렸다.

"내일부터 로저 피하는 법을 연구해야겠어……."

몬들은 지친 몸을 겨우 이끌고 푸드 트럭 앞으로 모여 주스를 벌컥벌컥 마셨다.

"고생 많았어요! 내일도 다들 오실 거죠?"

로저가 땀을 훔치며 활기차게 물었다.

"당연하죠! 호숫가를 달리니 너무 상쾌했어요!"

참가자들이 생기 있는 얼굴로 대답했다.

비비 대장이 아바타들이 하나둘 돌아가는 모습을 지켜보며 조용히 말했다.

"아바타들이 이렇게 많이 가입할 줄은 몰랐네. '알통 로저 쌤 크루' 모집은 대성공이야."

로저가 만족스러운 얼굴로 활짝 웃었다.

"그래, 내가 원했던 게 바로 이거야. 함께 운동하면서 친구가 되는 거. 몬섬에서는 쿨쿨병 때문에 못 해서 늘 아쉬웠거든."

비비 대장이 G패스로 참가비를 확인하며 미소를 지었다. 참가자 명단엔 전보다 훨씬 많은 이름이 올라와 있었다.

"참가비도 꽤 많이 모였어. 로저가 운동 캠페인에 참여해서 받은 골드로 이번 달 이자도 갚았고, 크루 참가비로 대출금도 조금씩 갚을 수 있을 것 같아."

깜토는 무거운 짐을 내려놓은 듯 깊게 숨을 내쉬며 말했다.

"내일도, 그다음 날도 아바타들이 또 오겠지? 이대로라면 우리 부자 되는 거 아냐?"

"다른 일자리를 애써 찾지 않아도 되겠네."

그란발도 마음이 한결 가벼워졌다.

"이제 쿨쿨병 치료제 만드는 일에만 집중할 수 있겠어. 다행이야."

비비 대장의 말에 몬들은 서로 손을 맞잡았다.

모두가 같은 마음으로 지우리의 연구소에서 쿨쿨병 치료제가 완성되기만을 기다리고 있었다.

 인간들은 이사하면 꼭 짜장면을 먹는 걸까?

그러게. 인간 세상에는 이상한 규칙이 많아.

 그러니까! 처음엔 인간들은 왜 진흙 묻은 걸 먹나 했다니까!

근데 맛있더라? '짜장면'이라고 해서 되게 짤 줄 알았는데.

 이사할 때마다 먹는 게 따로 있는 거잖아. 다음엔 무슨 색 음식을 먹을까? 노란색? 파란색?

나는 색 같은 거 신경 안 써. 맛있으면 됐지!

 맞다. 그란발은 타스에서도 뭐든 잘 먹었지.

 어? 잠깐만. 우리 원래 여기선 아무리 먹어도 배가 안 찼잖아?

그러니까! 처음엔 먹어도 계속 배고팠는데….

 설마, 골드시티에 오래 있을수록 우리도 변하는 건가?

분명 우리가 있는 메타버스는 가짜인데, 타스에서 우리 몸의 색깔까지 변했다는 게 좀 이상하지 않아?

 설마, 게임 세상에 너무 오래 있어서 우리도 아바타들처럼 변한 걸까?

그럼… 이제부터는 배가 터질 때까지 먹어도 되겠다!

 너, 그냥 또 먹고 싶은 거잖아….

골드가 많아도
배고픈 이유

"업데이트는 오늘 밤에 끝날 거야. 내일 아침에 여기서 또 만나! 안녕, 알통 쌤!"

제나가 로저와 손뼉을 치며 인사하고, 하루와 함께 로그아웃했다. 그 순간 광장에 남겨진 몬들 사이에 어색한 침묵이 흘렀다. 그란발이 걱정스러운 표정으로 중얼거렸다.

"우리는 어떡하지? 몬섬으로 가야 하나?"

지우리가 팔짱을 끼고 고개를 갸웃했다.

"그러게. 서버 업데이트는 처음이라 뭘 어떻게 해야 할지 모르겠어."

"업데이트 중엔 몬섬도 닫히는 거 아냐? 만일 골드시티에 접속을 못 하게 되는 거면, 우리는 어디로 가는 거지?"

비비 대장의 말에 깜토가 조심스럽게 물었다.

"우리…… 이러다 진짜 없어지는 거 아냐?"

모두의 눈빛이 흔들렸다. 한참 동안 서로 불안한 눈빛을 주고받던 몬들은 어찌할 바를 몰랐다.

지우리가 한숨을 내쉬며 말했다.

"우리는 아바타가 아니니까 괜찮을 수도 있어. 당장 할 수 있는 게 없으니까, 너무 걱정하지 말고 기다려 보자."

몬들은 마음을 다잡으려 애썼다. 그러다 깜토가 눈을 굴리며 말했다.

"그냥 여기 연구실에 남아 있을까? 지금은 여기가 제일 안전한 느낌이야."

그란발도 이불을 끌어안고 바닥에 털썩 앉았다.

"그래. 만약 일이 잘못돼도, 함께 해결하면 되잖아."

"좋아. 여기서 버티자. 뭐 어쩌겠어?"

비비 대장이 몬들을 위로하듯 말했다. 몬들은 함께여서 정말 다행이라고 생각했다. 창밖의 달빛이 연구소 안으로 스며들며, 몬들을 감쌌다.

"내일은 무언가 재밌는 일이 생기지 않을까?"

로저는 여전히 천진한 목소리로 말했다.

"로저는 걱정이란 걸 모르지?"

깜토가 눈을 반쯤 감고 말하며 하품을 꾹 참았다. 불안한 생각들이 흐려질 즈음, 몬들은 하나둘 꾸벅거리더니 이내 몸을 웅크리고 잠에 빠져들었다.

"우리도 알통 크루를 만나러 광장으로 가 볼까? 깜토, 그란발, 어서 서둘러!"

비비 대장이 하품을 하고 있는 깜토와 그란발을 재촉했다. 둘은 졸린 눈을 비비며 몸을 일으켰다.

"오늘은 아바타들이 평소랑 다른데?"

광장으로 가는 길에 몬들은 묘한 기분이 들었다. 거리는 변한 게 없었지만, 아바타들의 분위기가 어딘가 달라 보였다. 도로 곳곳에서 걸음을 멈추고 웅성거리는 모습을 자주 볼 수 있었다. 당황한 표정, 놀란 눈빛, 흥분에 찬 목소리들……. 어수선한 분위기였다.

9시 접속 보상금이 지급되었습니다.

"오예! 오늘도 어김없이 1골드!"

그란발이 환호하며 G패스를 확인했다. 그런데 그 순간, 그란발의 표정이 굳었다. G패스를 멍하니 바라보며 한참 동안 말이 없었다. 옆에서 지켜보던 깜토가 그란발을 쿡 찔렀다.

"왜 그래?"

그란발이 조용히 자신의 G패스를 내밀었다. 그걸 본 깜토의 눈이 순간 휘둥그레졌다.

"비비 대장, 이거 이상하지 않아?"

그란발의 G패스를 살펴본 비비 대장이 믿기지 않는다는 듯, 자신의 것은 물론 깜토의 G패스까지 샅샅이 확인했다.

"어라? 왜 1골드가 아니라 100골드가 들어왔지?"

"접속 보상금만 100골드가 된 게 아니야! 우리가 가진 골드에도 0이 두 개씩 더 붙었어!"

그란발의 눈이 반짝였다.

"맞아! 우리 이제 부자야! 핫도그 100개, 초코 와플 100개, 다른 것도 더 살 수 있겠다!"

깜토는 침을 꿀꺽 삼켰다.

장사를 시작도 안 한 푸드 트럭 앞에는 벌써 긴 줄이 늘어서 있었다. 사람들은 환호하며 오늘의 횡재를 만끽하고 있었다.

"이게 대체 무슨 일이야? 업데이트 오류인가?"

푸드 트럭 사장님은 땀을 뻘뻘 흘리며 과일을 자르느라 정신이 없었다. 갑작스럽게 몰려든 손님들 때문에 몬들의 인사도 제대로 받아 주지 못했다.

"장사가 잘돼서 사장님이 기분 좋으시겠다!"

비비 대장이 환하게 웃으며 말했다. 몬들은 광장으로 이동해 로저의 수업을 준비하기 시작했다. 광장에는 아직도 웃음소리와 환호성이 끊이지 않았다.

오늘은 분위기가 평소와 사뭇 달랐다. 몬들이 참가비 1골드를 받는 동안에도 아바타들은 마치 자랑하듯 G패스를 흔들었고, 저마다 쇼핑 계획을 세우는 데 열중하고 있었다.

"자, 여러분, 오늘도 경치 좋은 호숫가를 한 바퀴……."

"로저 쌤! 오늘은 간단히 스트레칭만 하고 끝내면 안 돼요?"

한 아바타가 팔을 저으며 투정을 부렸다.

"맞아요! 우리 쇼핑 가야 한단 말이에요!"

다른 아바타도 맞장구를 치며 들뜬 목소리로 말했다.

"그, 그럼…… 오늘은 제자리 운동만 할까요?"

운동이 시작되긴 했지만, 분위기는 영 잡히지 않았다. 로저의 구호에 맞춰 동작을 따라 하다가도 아바타들은 금세 다른 곳을 바라보며 집중하지 못했다.

운동이 끝나자마자 아바타들은 광장으로 몰려갔다.

"골드가 많아져서 다들 쇼핑하러 가나 보네."

운동이 끝나기만 기다렸다는 듯, 각자 갈 길을 정해 떠나는 모습에 로저는 허탈한 미소를 지었다. 어제까지만 해도 함께 땀 흘리고 서로 응원하며 운동으로 하나가 되었는데, 오늘은 완전히 다른 분위기였다.

깜토가 비비 대장의 팔을 붙잡고 애원했다.

"우리도 쇼핑 가자! 응?"

깜토의 간절한 눈빛에 비비 대장이 잠시 고민했다. 원하는 걸 얼마든지 살 수 있다는 여유로운 느낌이 싫지 않았지만, 어딘가 찜찜한 느낌을 떨칠 수 없었다.

"알았어, 알았어."

"우리도 늦기 전에 얼른 사러 가자!"

깜토가 인파를 헤치며 안경점을 향해 달렸다. 비비 대장과 그란발은 그런 깜토를 잃어버리지 않으려고 그 뒤를 바짝 따라갔다.

안경점 앞에는 이미 수많은 아바타들이 모여 있었다.

"으악, 잠깐만 지나갈게요!"

깜토가 간신히 그곳에 도착했을 때, 안경점 사장님은 문을 닫으며 팻말을 내걸었다.

[품절. 안경 및 선글라스 매진입니다.]

깜토의 얼굴이 울상이 되었다. 안경점만 문을 닫은 게 아니었다. 주변 상가들도 하나둘씩 '품절'이라는 안내 팻말을 걸고 문을 닫고 있었다. 몬들은 이렇게 빠른 속도로 물건이 팔려 나갈 것은 예상하지 못했다.

곳곳에서는 얼마 남지 않은 물건을 서로 구매하기 위해 싸움이 일어났다. 비비 대장은 주변을 둘러보며 생각에 잠겼다. 골드가 넘쳐 나는 상황이 모두에게 축복인 줄만 알았는데, 지금은 그저 혼란스러울 뿐이었다.

"우선 흥분하지 말고 지켜보자. 분위기에 휩쓸려서 움직이는 것보다 상황을 파악하는 게 먼저겠어."

음식점에도 일찌감치 재료가 떨어져서, 몬들은 핫도그도, 와플도, 코코아도 사 먹지 못했다. 마지막으로 과일주스 푸드 트럭을 찾은 몬들이 사장님께 인사를 건넸다.

"사장님, 주스는 아직 있나요?"

푸드 트럭 사장님은 고개를 저었다. 결국 몬들은 굶주린 배를 안고 발길을 돌려야만 했다.

"골드가 많아졌다고 마냥 좋아할 수는 없네……."

깜토가 한숨을 내쉬었다. 아바타들은 물건을 구하려 분주했고 골드시티 전체가 혼란스러웠다.

다음 날, 어김없이 푸드 트럭으로 달려온 몬들은 메뉴판을 보고 멈칫했다.

그란발은 130골드짜리 토마토주스를 얼른 사서 다 마신 뒤, 숟가락으로 컵에 남은 토마토 찌꺼기까지 싹싹 긁어 먹으며 중얼거렸다.

"이게 얼마짜리인데, 남길 순 없지."

거리는 여전히 사람들로 북적였고, 가게마다 손님이 끊이지 않았다. 마치 이 세상에 골드가 바닥날 일은 없다는 듯이, 모두가 신나게 물건을 사고 있었다. 하지만 몬들은 어딘가 이상한 분위기를 알아챘다.

언뜻 보기엔 쇼핑을 즐기는 것처럼 보였지만, 자세히 보니 사람들의 표정이 달랐다. 가게 앞에 멈춰 서서 물건을 들었다 놨다 하거나, 계산대에서 주머니를 뒤적이며 시간을 끄는 이들이 많았다.

"이상해. 어제까지만 해도 다들 신나서 막 사던데, 왜 오늘은 저렇게 고민하는 거지?"

그때 깜토가 안경점 앞에서 걸음을 멈췄다. 유리창에 얼굴을 딱 붙인 채 선글라스를 뚫어지게 바라보고 있었다.

깜토의 말에 몬들은 유리 벽에 나란히 붙어 다시 가격을 확인했다. 선글라스에 붙은 가격은 분명 9,800골드였다.

"하루 만에 선글라스도 이렇게 가격이 오른다고?"

마침 보드를 타고 하늘을 날고 있던 하루가 몬들을 발견하고 보드의 방향을 틀어, 몬들 앞에 부드럽게 착지했다.

"우아~, 멋지다! 그 보드 어디서 샀어?"

깜토가 눈을 반짝이며 말했다. 하루는 미소를 지으며 보드에서 내려 발로 톡톡 소리를 냈다.

바로 그때, 근처에 있던 아바타 한 명이 슬쩍 다가왔다.

"그 보드, 진짜 멋진데? 나도 사고 싶었는데 놓쳤지 뭐야."

아바타는 하루의 보드를 부러운 눈으로 쳐다보다가, 장난스러운 미소를 지으며 한마디 툭 던졌다.

"혹시 그 보드 팔 생각 없어?"

하루는 고개를 가볍게 저으며 웃었다.

"에이, 산 지 얼마 안 됐는걸? 아직 팔 생각이 없어."

다시 보드에 앉은 하루는 발을 살짝 흔들며 주위를 둘러보았다. 곳곳에서 아바타들이 한정판 의상이나 신상 고글 등을 자랑하고 있었다. 눈을 반짝이며 서로의 아이템을 바라보다가 흥정이 벌어지기도 했다.

"봐 봐, 이게 진짜 '레어템'이지. 이 고글, 나중에 두 배는 될걸?"

누군가 신상 고글을 들고 자랑하자, 주변에서 작은 환호가 터졌다. 아바타들은 무언가를 소유하는 것을 마치 게임처럼 즐기고 있었다.

그란발은 그 모습을 지켜보다가 발을 구르며 외쳤다.

"안 되겠다! 나도 뭐든 하나 사야겠어!"

하루는 다리를 꼬고 보드 위에 앉아 몬들을 향해 여유롭게 미소 지었다.

"너무 서두르지 마. 이럴 땐 조급해지면 오히려 손해야."

광장에서는 계속해서 한정판 보드, 액세서리 등 희귀한 아이템들이 거래되고 있었다. 누군가는 아이템의 가격이 올랐다는 소문을 퍼뜨리고, 또 다른 이들은 물가가 아무리 올라도 자신이 산 물건은 가치가 떨어지지 않는다며 자랑했다.

몬들은 그 모습에 고개를 갸웃했다. 깜토가 한마디 던졌다.

"근데 진짜 저걸 다 쓸까?"

하루는 미소를 지으며 보드 위에서 천천히 일어섰다.

"글쎄, 그건 두고 봐야겠지."

광장에서는 여전히 거래가 활발하게 이어지고 있었다. 몬들은 잠시 망설이다가, 결국 그란발의 뒤를 따라 상점 쪽으로 발걸음을 옮겼다.

그때, 한쪽에서 아바타 하나가 신이 난 목소리로 외쳤다.

"이거 봐! 방금 산 이 아이템 가격이 두 배로 올랐어!"

그 말에 시장에 있던 아바타들이 소리가 난 쪽을 바라보며 술렁였다. 여러 아바타가 주춤주춤 게걸음을 하더니, 곧 앞다투어 상점으로 몰려갔다.

"지금이 기회야! 늦기 전에 사야 해!"

깜토는 그런 소란을 구경하다 눈을 동그랗게 떴다.

"골드가 많아도 쓸모가 없어졌어. 이러다 진짜 주스도 못 사 먹겠네."

지우리는 투덜거리는 그란발을 물끄러미 바라보다가, 손으로 무릎을 탁 치며 나직이 말했다.

"그렇다면 크루 참가비도 올려야 하지 않을까?"

비비 대장이 놀란 얼굴로 눈을 깜빡였다.

"참가비를 올린다고?"

지우리는 진지한 표정으로 고개를 끄덕였다.

"물가가 이 정도로 올랐는데, 우리만 계속 예전 참가비로 운영하면 주스도 못 사 먹잖아."

비비 대장이 잠시 생각하다가 고개를 끄덕였다.

"그렇네……. 이렇게 운영하다간 우리도 쫄쫄 굶겠어."

다음 날 아침이 되자마자, 몬 원정대는 현수막을 새로 만들어 광장에 걸었다. '참가비: 100골드'라고 적힌 현수막이 바람에 펄럭였다.

운동하러 모인 아바타들이 현수막을 보고 멈칫했다.

참가비를 확인한 아바타들의 얼굴이 점점 굳어졌다. 잔금을 확인하는지 G패스를 재차 들여다보다가 이내 서로 눈치를 보며 웅성거리기 시작했다.

남아 있는 회원 몇 명과 함께 운동을 마친 뒤, 몬들은 서로를 바라보며 깊은 한숨을 내쉬었다. 운동 후의 상쾌함은 여전했지만, 오늘은 씁쓸함이 그보다 더 진하게 남아 있었다.

광장은 어느새 한산해졌다. 현수막을 돌돌 말아 정리한 뒤, 몬들은 터덜터덜 연구소로 향했다.

그란발이 얼굴을 긁적이며 멋쩍게 말했다.

"우리가 참가비를 너무 많이 올린 걸까?"

로저는 입을 삐쭉 내밀며 팔짱을 꼈다.

"물가가 오른 건 우리 잘못도 아닌데, 참 난감하네."

깜토도 고개를 끄덕였다.

"그래, 처음부터 서버 오류가 문제였잖아……."

사실, 요즘 골드시티 곳곳에서 비슷한 불만이 터져 나오고 있었다. 골드시티는 메타버스 내에서 가장 안정적인 곳 중 하나였는데, 갑작스런 서버 오류로 많은 것들이 불안정해졌다.

그때, 골드시티 전체에 요란한 알림음이 울렸다.

"골드시티 시민 모두에게 전체 공지를 띄우는 건가? 뭔가 심상치 않은데?"

모든 아바타들의 G패스가 동시에 진동하며 알림 메시지를 띄웠다. 광장을 가로질러 지나던 중 그란발이 걸음을 멈추고 외쳤다.

숫자를 채워라!

숫자만 있으면 어디서든 즐길 수 있는 스도쿠!
규칙을 알고 나면 누구나 쉽게 풀 수 있어요.
규칙에 맞게 칸 안에 숫자를 채워 보세요.

5	3	4		7				
6	7	2	1	9	5			
1	9	8					6	
8				6				3
4			8		3			1
7				2				6
	6					2	8	
			4	1	9			5
				8			7	9

빈칸이 적은 줄부터 시작해 봐!

그럼 확실한 숫자부터 채워 볼까?

쿨쿨병을 고칠 단서 발견?

긴급 공지가 전광판에 올라온 지 며칠이 지났다. 하지만 골드시티의 물가는 여전히 잡힐 기미가 없었다. 예전엔 사람들로 북적거리던 광장이 요즘은 썰렁하기만 했다. 여기저기서 이러다 골드시티가 망하는 거 아니냐는 아바타들의 불안한 목소리가 들렸다.

가게 앞에는 품절 딱지가 나붙고, 물건을 사지 못한 아바타들은 빈손으로 발을 동동 굴렀다.

"장사하는 가게 없나? 뭐라도 사 먹고 싶어."

그란발이 배를 쓰다듬으며 중얼거렸다.

아침 운동을 준비하는 로저와 비비 대장을 제외한 몬들은 먹을 것을 구하기 위해 이 골목, 저 골목을 돌아다녔다. 그러던 중, 허름한 빵집 하나가 눈에 들어왔다.

"일단 들어가 볼까?"

하루가 이미 문고리를 잡고 물었다.

삐걱거리는 문을 열고 들어가자 작은 상점의 내부가 한눈에 들어왔다.

가게 주인이 인사도 없이 피곤한 목소리로 말했다.

"지금은 골드는 안 받고 교환만 해요."

그란발은 고개를 갸웃하며 주인에게 물었다.

"진짜요? 물건끼리 바꾼다는 건가요?"

가게 주인은 당연한 걸 왜 묻냐는 투로 대꾸했다.

"네. 지금 상황에는 골드보다 물건이 더 낫잖아요. 지금 골드는 있으나 마나라고요."

상점 안쪽에서는 손님들이 물건을 꺼내 놓고 다른 직원과 열심히 흥정을 하고 있었다.

"이 망토랑 모자면 빵 하나 정도는 충분히 받을 수 있잖아요."

"음, 이거는 흔한 물건이라……. 안 되겠어요."

몬들은 그 모습을 지켜보며 어리둥절한 표정을 지었다. 깜토가 살며시 고개를 돌려 제나에게 속삭였다.

"우리도 바꿀 만한 게 있나?"

제나가 상점 안을 둘러보며 낮은 목소리로 말했다.

"글쎄, 우리가 가진 물건도 다 흔한 것들이라……."

그때, 계산대에 기대어 있던 가게 주인이 벌떡 일어나 손가락을 튀기며 하루를 불렀다.

하루와 친구들은 배낭에 남은 빵을 챙겨 넣으며 천천히 광장 쪽으로 걸어갔다. 배를 든든하게 채웠지만, 기뻐하기엔 뭔가 어색했다.

깜토가 하루를 보며 말했다.

"하루야, 상황이 좋아지면 다시 보드 찾으러 가자."

하루는 빵을 한 입 베어 물며 대수롭지 않게 대꾸했다.

"에이, 진짜 괜찮아. 무사히 먹을 걸 구해서 다행이지."

몬들이 광장에 도착했을 때, 멀리서 로저와 비비 대장이 회원들과 함께 몸을 풀고 있는 모습이 보였다. 광장은 한산했고, 회원은 고작 몇 명뿐이었다.

친구들이 다가오는 것을 본 로저가 짧게 손을 흔들었다.

멀찍이 떨어진 곳에서 하루가 몬들에게 물었다.

"오늘 회원이 저게 다야?"

그란발이 회원 수를 세어 보았다. 하나, 둘, 셋, 넷, 다섯……. 그 많던 회원은 이제 다섯 명밖에 남지 않았다.

"100골드씩 받았으니까 오늘 총 500골드야."

어느새 다가온 비비 대장이 한숨을 쉬며 G패스만 만지작거렸다.

"물가가 너무 올라서 500골드로 얼마나 버틸 수 있을지도 모르겠어. 대출금도 계속 갚아야 하는데……."

깜토도 작은 어깨를 늘어뜨렸다.

"그래도 뭔가 방법이 있을 거야!"

비비 대장이 분위기를 바꾸어 보려고 애써 밝은 목소리로 말했다.

"그래, 방법이 있지!"

깜토가 무언가 떠오른 듯 눈을 반짝이며 외쳤다.

깜토는 자신만만한 표정으로 말했다.

"이상하긴 뭐가 이상해! 골드가 100배나 늘어났는데! 이럴 때 잽싸게 움직여야지. 빨리 은행으로 가자고!"

깜토가 몬들의 손을 잡아끌었다.

연구소에 가서 쿨쿨병 연구를 하겠다는 지우리를 남기고, 나머지 몬들은 들뜬 마음으로 은행으로 갔다.

모든 빚을 단번에 갚을 수 있다는 생각에 몬들은 마음이 한결 가벼워졌다. 골드시티에서 벌어진 시스템 오류가 이 순간만큼은 뜻밖의 행운처럼 느껴졌다.

은행에 도착한 몬들은 살짝 당황했다.

예전과 달리 은행 로비는 쥐 죽은 듯이 조용했고, 대출을 받으러 온 사람도 거의 없었다. 번호표를 뽑을 필요도 없었다. 지우리가 로비를 둘러보며 낮은 목소리로 중얼거렸다.

"전에 왔을 때는 기다리는 줄이 엄청 길었잖아. 사람들이 다 어디 간 거야?"

그란발이 기분 좋게 말했다.

"좋네, 기다릴 필요 없잖아."

비비 대장은 창구로 다가가 직원 앞에 앉았다.

"전에 대출받은 금액을 갚으려고 해요. 지금 골드가 많아져서 어느 정도 정리할 수 있을 것 같아서요."

비비 대장의 말에 직원은 잠시 컴퓨터를 살피며 고개를 끄덕였다. 그러나 화면을 확인한 직원은 살짝 이맛살을 찌푸리고 조심스럽게 말했다.

"고객님, 이자율이 많이 올랐는데 괜찮으시겠어요?"

깜토가 눈을 동그랗게 뜨고 물었다.

"이자율이 오를 수도 있어요?"

그란발이 속상해하며 속삭였다.

"골드가 100배로 늘었는데도 모자란다니."

직원은 유감스럽다는 듯 덧붙였다.

"지금 상황에선 대출을 한 번에 갚기 어려우실 거예요. 이자가 계속 늘어나고 있거든요."

그 말에 모두가 잠시 침묵에 빠졌다.

상황을 지켜보고 있던 제나가 조심스럽게 말을 꺼냈다.

"지금은 갚는 게 최선이 아닌 것 같아."

비비 대장은 눈썹을 찌푸린 채 한참 생각에 잠겼다.

"그럼……, 이 상태로 대출을 갚지 않고 기다리는 게 더 나을까?"

하루가 어깨를 으쓱하며 고개를 끄덕였다.

"그래, 상황을 좀 더 지켜보는 게 어때? 지금은 골드시티가 엉망이니까, 오류가 해결되길 기다리는 게 좋을 거야."

비비 대장은 무겁게 한숨을 쉬며 창구를 떠났다. 다들 조용히 뒤따라 은행을 나섰다.

"어휴, 다시 모으려면 또 고생 좀 하겠는걸."

깜토의 말을 들은 그란발이 머리를 긁적이며 툭 내뱉었다.

"우리 대출 이자는 더 오를 텐데……. 이러다 진짜 쫄딱 망하는 거 아니야?"

그 말에 모두가 멈춰 섰다. 마치 길가에 놓인 돌멩이에 발이 걸린 것처럼, 몬들의 마음도 잠시 멎어 버렸다. 제나가 처져 있는 몬들에게 장난스럽게 말을 걸었다.

"가끔은 '아무것도 안 하는 것'도 전략이야. 너희 가만있는 게 얼마나 힘든지 알지?"

 몬들은 연구소로 가는 길에 앞으로 어떻게 할 것인지 궁리했다. 일단은 신중하게 상황을 지켜보기로 의견을 모았다.

 연구소 앞에 도착했을 때, 몬들은 잠시 멈춰 섰다.

 "지우리는 지금도 쿨쿨병 연구 중이겠지?"

 몬들이 문을 조심스레 열자, 지우리가 고개를 돌려 몬들을 반겼다.

"너희 얼굴을 보니 무슨 일이 있군. 얘기 좀 해 볼까?"

지우리의 말에 비비 대장이 고개를 저으며 입을 열었다.

"이자가 엄청 많이 올랐대. 그래서 우리가 갚아야 할 대출금도 같이 늘어났어."

"이자가 왜 올랐는데?"

비비 대장은 은행에서 들은 이야기를 차근차근 설명했다. 지우리는 그 말을 메아리 공책에 적으며 중얼거렸다.

물가가 오르면 은행은 금리를 올려 저축을 유도한다.

재빨리 계산을 해 본 깜토의 목소리가 커졌다.

"어떡하지? 대출 이자도 오르고 운동 참가자들도 줄었는데……. 이러다 골드가 한 푼도 남지 않겠어."

참가비로 받은 골드로는 대출금과 이자를 감당하기 어려울 것 같았다. 몬들은 한숨 속에서 하룻밤을 보냈다.

다음 날 아침, 몬들은 평소처럼 아침 운동 크루를 만나기 위해 광장으로 향했다.

"지우리, 조심해서 다녀와!"

"응, 고마워. 무슨 일이 있으면 바로 연락할게."

지우리는 약초를 구하기 위해 오늘은 호숫가 안쪽, 더 깊은 숲속으로 들어가 볼 작정이었다. 한편, 광장으로 향하던 몬들 앞으로 종이 한 장이 팔랑이며 날아왔다.

몬들이 안타까워하며 한산한 상점가를 바라보는데, 어디에선가 큰 소리가 들려왔다.

비비 대장이 앞서 걸으며 소리가 나는 가게로 다가갔다. 가게 안에서는 사장님과 알바생이 심각한 표정으로 대화하고 있었다.

밖에서 그 모습을 지켜보던 깜토는 깜짝 놀라며 속삭였다.

"저기, 사장님이랑 알바생이랑 싸우는 거야?"

가게 안에서 사장은 재료비 영수증을 내보이고, 알바생은 가계부를 내밀며 서로 힘든 사정을 털어놓았다.

"왜 임금을 올려 달라는 거지? 골드가 많아졌는데?"

깜토 옆에 있던 비비 대장이 작은 목소리로 설명해 주었다.

"물건값이 엄청 올랐으니까……. 우리도 그렇잖아."

그때 가게 문이 열리며 아바타 몇 명이 안으로 들어왔다.

몬들은 느릿한 발걸음으로 광장을 지났다. 거리에는 몇몇 사람들이 오가고 있었지만, 특별히 북적이는 곳은 없었다.

푸드 트럭 사장님도 한적한 거리에서 한숨을 쉬며 닦지 않아도 될 만큼 반질반질한 과일을 또 닦고 있었다.

"대출도 갚아야 하고 이자도 계속 오르는데……. 이러다 우리도 쿨쿨병 연구소를 내놓아야 할지도 몰라."

깜토가 걱정스러운 표정으로 말했다.

그 순간, 광장 한쪽에서 경쾌한 음악 소리가 들려왔다. 아바타 몇 명이 작은 무대 위에서 악기를 연주하며 노래하고 있었다. 그 옆엔 '골드시티 재건 프로젝트, 시민 참여 버스킹'이라는 팻말이 놓여 있었다.

"뭐지? 공연을 하나 본데?"

깜토가 고개를 갸웃하며 말했다.

그란발은 무대를 보며 살짝 웃음을 지었다.

"어……, 구경이나 해 볼까?"

비비 대장은 잠시 고민하다가 나즈막하게 말했다.

"그래, 시간도 있으니 잠깐 보고 가자."

환한 불빛과 활기찬 음악 소리가 몬들을 반겼다. 몬들은 이 순간만큼은 복잡한 생각을 잠시 접어 두고, 신나는 공연을 즐기고 싶었다.

한편, 지우리는 숲속에서 약초를 찾으며 한시도 쉬지 않고 움직이고 있었다.

이기자 리포트 3
인플레이션

골드시티에 혼란을 준 인플레이션! 인플레이션은 시중에 돈이 빠르게 많아지거나, 소비가 활발해져 수요가 공급보다 많아질 때 주로 생겨요.

매일 조금씩 세상에 돈이 늘어난다면?

앞에서 은행이 하는 중요한 일이 세상에 돌아다니는 돈의 양을 늘리는 것이라고 말했죠? 은행이 있어서 세상에 흐르는 돈은 매일 조금씩 늘어나죠. 사실 은행이 세상에 돈을 늘리려고 일부러 뭘 하는 건 아니에요. 은행은 단지 예금을 받고, 대출을 해 줄 뿐인데 그 과정에서 자연스럽게 돈의 양이 늘어나는 것이죠.

은행은 사람들이 맡긴 예금을 바탕으로 대출을 해 주는데, 예금한 사람이 돈을 찾으러 오면 항상 그 돈을 내 줘야 해요. 하지만 예금을 한 사람이 돈을 찾으러 왔다고 대출해 간 사람에게 당장 돈을 갚으라고 재촉하지는 않아요. 이렇게 예금자도 언제든 자신의 돈을 찾을 수 있다고 생각하고, 대출해 간 사람도 실제로 돈을 사용하고 있기 때문에 그만큼 돈의 양이 늘어나는 효과가 있는 거랍니다.

물가가 계속해서 올라가는 인플레이션

은행이 세상에 돌아다니는 돈의 양을 계속 늘리면 어떤 일이 생길까요? 좋은 점은 경제가 활발해진다는 거예요. 돌아다니는 돈이 많아지면 사람들이 돈을 더 많이 쓰고, 더 많이 벌게 되죠. 하지만 나쁜 점도 있어요. 사람들의 소비가 늘어나면 가게에서는 가격을 올릴 수 있어요. 그러다 인플레이션이 오는 것이죠.

예전에는 빵 한 개에 1000원인 가격이 비싸서 망설이던 사람도, 주머니에 여유가 생기면 1500원이더라도 그냥 사 먹게 되죠. 그러다 보면 빵값은 1000원에서 1500원, 1600원, 1700원으로 점점 오르게 돼요. 이렇게 물건값이 '점점' 오르는 현상을 '인플레이션'이라고 한답니다.

예를 들어 태풍 때문에 사과 농사가 망쳐서 가격이 오르면, 그건 일시적인 일이니까 인플레이션은 아니에요. 하지만 작년에 2000원이던 사과가 올해는 2100원, 내년엔 2200원, 그다음 해엔 2400원이 된다면, 그건 인플레이션이에요.

한 끼 밥을 많이 먹어서 배가 나온 건 비만이라고 하지 않지만, 매일매일 많이 먹어서 배가 점점 나오는 건 비만이라고 하죠. 물가도 마찬가지예요. 잠깐 오르는 건 큰일이 아니지만, 계속 오르면 걱정해야 해요. 그래서 우리는 인플레이션인지, 아닌지 알기 위해 물가가 오르는 걸 유심히 지켜보는 것이랍니다.

인플레이션은 자산 격차를 늘려요

인플레이션이 나타나면 부동산, 주식, 금 같은 자산을 가진 사람은 유리해지고, 그런 자산이 없는 사람은 불리해져요. 돌아다니는 돈이 많아지면 값이 매겨진 거의 모든 것의 숫자가 오르거든요. 가만히 있어도 집값이나 기업의 주가가 계속 오르는 것도 주로 인플레이션 때문이에요. 물론 살 집이 부족해서 오르거나, 회사 실적이 좋아져서 주가가 오르기도 하지만, 수십 년에 걸쳐 꾸준히 가격이 오른다면 인플레이션의 영향일 가능성이 커요.

그래서 자산을 가진 사람은 가만히 있어도 돈을 벌고, 그렇지 않은 사람은 상대적으로 손해를 봐요. 이로 인해 사람들 사이의 갈등도 커지고요. 이게 인플레이션의 나쁜 점이에요. 그럼 인플레이션을 줄이거나 없앨 수는 없을까요? 인플레이션을 완전히 막는 일은 쉽지 않지만, 방법이 아주 없는 건 아니에요.

인플레이션을 줄이는 방법은?

먼저 이것부터 생각해 보죠. 인플레이션은 돈의 양이 늘어나기 때문에 생긴 것인데 돈의 양이 늘어나면 무조건 가격이 계속 오를까요? 꼭 그렇지만은 않아요.

많아진 돈이 사람들의 소비로 이어지고, 소비가 늘어남에 따라 물건이나 서비스의 수요가 커지죠. 이때 공급이 그 수요를 따라가지 못하면, 가격이 오르는 거예요.

이러한 관계를 생각해 보면, 인플레이션을 줄이는 방법도 찾을 수 있어요. 돈이 늘어난 만큼 더 많은 물건이 생산되고, 사람들이 선택할 수 있는 다양한 상품이나 서비스가 충분히 공급된다면 어떨까요? 이렇게 되면 가격은 급격히 오르지 않고, 물가도 안정될 수 있는 것이죠.

예를 들어 10명의 사람이 있고, 각자 주머니에 1만 원씩 갖고 있다고 해 봐요. 살 수 있는 건 오직 빵이고, 빵은 딱 10개가 생산됐어요. 오늘 안에 그 돈을 다 써야 한다면, 빵 하나의 가격은 1만 원이 되겠죠. 그런데 만약 사람들의 주머니에 각각 2만 원씩 들어 있다면요? 빵 가격은 2만 원이 될 거예요. 이게 바로 인플레이션이에요. 하지만 만약 빵이 10개가 아니라 20개가 생산됐다면 어떻게 될까요? 그럼 빵 가격은 그대로 1만 원일 거예요.

또 이렇게 생각해 볼 수도 있어요. 만약 빵 말고도 사탕이나 아이스크림처럼 사람들이 사고 싶어 할 다른 물건이 많이 생긴다면요? 사람들은 가진 돈을 빵에만 쓰지 않고 다른 물건에도 나눠 쓸 거예요. 그럼 빵의 가격은 오르지 않겠죠.

그래서 우리가 해야 할 일은 정해져 있어요. 돈의 양이 늘어나는 만큼, 우리도 더 빠르게 더 나은 물건, 더 좋은 아이디어를 궁리하고 생산해야 해요. 그래야 세상에 물건이 부족하지 않고, 가격이 불필요하게 오르지도 않아요. 그게 인플레이션을 줄이는 진짜 힘이에요.

6권 미리보기

**멈췄던 경제가 다시 돌아가기 시작했다!
하지만 정말 모든 게 원래대로 돌아온 걸까?**

지우리가 숲속에서 발견한 수상한 꽃의 정체는?
평범한 풀처럼 보이지만, 가까이 다가가면
신비롭게 반짝이며 기묘한 향기를 내뿜는다.
"쿨쿨병을 고칠 재료일 수도 있어!"

골드시티의 버그 사태로 인해 한바탕 혼란이 있었지만,
다행히 서버가 복구되면서 게임도 정상화되었다.
"이제 모든 게 원래대로 돌아왔어!"
기쁨도 잠시, 몬들은 또 다른 사건에 휘말리는데……

"뭐? 이번엔 로그아웃이 안 돼?!"
몬들과 함께 골드시티에 갇혀 버린 하루와 제나.
이제 선택지는 단 하나뿐이다.
어떻게든 이 위기에 맞서는 것!

위기는 곧 새로운 도약!
과연 몬들은 이 변화 속에서 어떤 돌파구를 찾을까?
골드시티의 운명은 어떻게 될까?

'경제 위기와 부의 재분배' 이야기가 6권에서 펼쳐집니다!

다음 이야기도 기대해 줘!

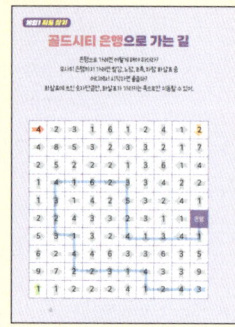
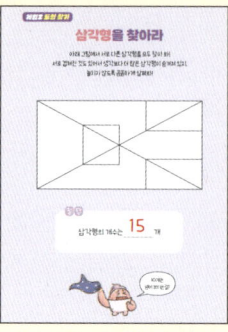

5	3	4	6	7	8	9	1	2
6	7	2	1	9	5	3	4	8
1	9	8	3	4	2	5	6	7
8	5	9	7	6	1	4	2	3
4	2	6	8	5	3	7	9	1
7	1	3	9	2	4	8	5	6
9	6	1	5	3	7	2	8	4
2	8	7	4	1	9	6	3	5
3	4	5	2	8	6	1	7	9

5 양날의 검, 인플레이션

기획 이진우 **글** 최설희 **그림** 지문 **채색** 조윤정
펴낸이 김영곤 **펴낸곳** (주)북이십일 아울북

1판 1쇄 인쇄 2025년 5월 16일
1판 1쇄 발행 2025년 6월 9일

프로젝트4팀장 김미희 **기획개발** 이해인 정유나 김시은
디자인 박지영 **교정교열** 김은미
마케팅팀 남정한 나은경 한경화 권태영 최유성 전연우
영업팀 한충희 장철용 강경남 황성진 김도연 **제작** 이영민 권경민

출판등록 2000년 5월 6일 제406-2003-061호
주소 (10881) 경기도 파주시 회동길 201(문발동)
대표전화 031-955-2100 **팩스** 031-955-2177 **홈페이지** www.book21.com

ISBN 979-11-7117-086-9
ISBN 979-11-7117-081-4 (세트)

이 책을 무단 복사·복제·전재하는 것은 저작권법에 저촉됩니다.

* 책값은 뒤표지에 있습니다.
* 잘못 만들어진 책은 구입하신 서점에서 교환해 드립니다.

- **제조자명** : (주)북이십일
- **주소 및 전화번호** : 경기도 파주시 회동길 201(문발동) 031-955-2100
- **제조연월** : 2025년 6월 9일
- **제조국명** : 대한민국
- **사용연령** : 3세 이상 어린이 제품

정보 가득 부록까지! 모두 챙기러 출발~!

너와 나, 우리들의 마음을 이해하게 도와줄
첫 번째 뇌과학 이야기
정재승의 인간 탐구 보고서 (1~17권)

❶ 인간은 외모에 집착한다
❷ 인간의 기억력은 형편없다
❸ 인간의 감정은 롤러코스터다
❹ 사춘기 땐 우리 모두 외계인
❺ 인간의 감각은 화려한 착각이다
❻ 성은 우리를 다르게 만든다
❼ 인간은 타고난 거짓말쟁이다
❽ 불안이 온갖 미신을 만든다
❾ 인간의 선택은 엉망진창이다
❿ 공감은 마음을 연결하는 통로
⓫ 인간을 울고 웃게 만드는 스트레스
⓬ 인간은 누구나 더없이 예술적이다
⓭ 인간은 모두 호기심 대마왕
⓮ 인간, 돈의 유혹에 퐁당 빠지다
⓯ 소용돌이치는 사춘기의 뇌
⓰ 사랑은 마음을 휘젓는 요술 지팡이
⓱ 음식, 인간의 마음을 요리하다

인류의 과거와 현재를 이어 줄
아우린들의 시간 여행!
정재승의 인류 탐험 보고서 (1~10권)

완간

❶ 위대한 모험의 시작
❷ 루시를 만나다
❸ 달려라, 호모 에렉투스!
❹ 화산섬의 호모 에렉투스
❺ 용감한 전사 네안데르탈인
❻ 지구 최고의 라이벌
❼ 수군수군 호모 사피엔스
❽ 대륙의 탐험가 호모 사피엔스
❾ 농사로 세상을 바꾼 호미닌
❿ 안녕, 아우레 탐사대!

옛날 지구인들은 이랬단 말이지?